Barbara Vödisch

Sananda
Frieden jetzt!

Bitte fordern Sie unser kostenloses Verlagsverzeichnis an:

Smaragd Verlag
In der Steubach 1
57614 Woldert (Ww.)
Tel.: 02684.978808
Fax: 02684.978805
E-Mail: info@smaragd-verlag.de
www.smaragd-verlag.de

Oder besuchen Sie uns im Internet unter der obigen Adresse.

Deutsche Erstausgabe Juni 2004
Umschlaggestaltung: XPresentation, Boppard
Satz: G. Heuchemer, Smaragd Verlag
Printed in Czech Republic
ISBN 3-934254-76-4

Barbara Vödisch

Sananda
Frieden jetzt!

Smaragd Verlag

Über die Autorin

Barbara Vödisch war zunächst 10 Jahre als Tanztherapeutin in psychiatrischen und suchttherapeutischen Einrichtungen tätig. Als „Sprachrohr“ für die geistige Welt wurde sie durch eine Reihe von Büchern bekannt. Nach dem Entstehen des Buches „Einssein mit Gott“ erwachte sie in unendlichem Bewusst-Sein und ihre intensive Suche nach unendlicher Liebe, nach der Quelle allen Seins endete. Weit davon entfernt, perfekt zu sein, lebt sie glücklich verheiratet in den Chiemgauer Bergen. In Seminaren, Vorträgen und Einzelsitzungen unterstützt sie Menschen spielerisch, voller Liebe, Natürlichkeit und Leichtigkeit das Göttliche auch im Alltäglichen zu erkennen und im Einen Sein zu erwachen. Sie ermuntert dich jenseits von Konzepten und Wissen, einfach nur du selbst zu sein und jetzt und nicht erst in der Zukunft glücklich und in Frieden zu sein.

Sie ist über folgende Anschrift erreichbar (Anfragen bitte mit frankiertem Rückumschlag):

Barbara Vödisch
Postfach 13 33
83203 Prien am Chiemsee
www.barbaravoedisch.de

Inhalt

Zum Geleit

Die Botschaften dieses Buches liegen mir sehr am Herzen. Es freut mich, euch in Kontakt mit der Essenz, dem tiefen Frieden, der in allem ruht, zu bringen. Wahrer Frieden beginnt bei jedem Einzelnen von euch, und zwar nicht erst in der Zukunft, sondern jetzt!

Damit Frieden in der Welt geschehen kann, muss er in dir geschehen, das geht nicht anders. Die Welt setzt sich aus so vielen Individuen zusammen. Ein Einzelner kann nicht die ganze Welt retten, oder alle Menschen verändern, aber du kannst das BewusstSein von Frieden in dir stärken und wahren Frieden in dir finden. Wenn jeder Einzelne „seinen" Frieden findet, wird somit die ganze Welt In-FriedenSein. Das ist kein Prozess für Ungeduldige. Wenn du von der äußeren Welt erwartest, dass sie immer und überall in Frieden ist, wirst du nur im Kampf mit der Welt sein.

Die Welt ist, wie sie ist. Du hast nicht die Macht, sie von heute auf morgen aus den Angeln zu heben. Aber du hast die Macht, bei dir selbst anzufangen. Du hast die Macht, in dir Frieden zu finden und den tiefen Frieden in allem, was ist, zu vernehmen. Es ist die Zeit für wahren Frieden. Es ist die Zeit, diese Sehnsucht nach Frieden nicht mehr nach außen zu projizieren und nur darauf zu warten, dass sich die Welt verändert.

Die Veränderung der Welt geschieht hauptsächlich durch die Veränderung des BewusstSeins. Sie geschieht, wenn jeder Einzelne seinen Frieden findet. Das ist ein Frieden ohne den Kampf gegen die Menschen, oder gegen das Leben. Frieden meint wirklich Frieden, und auch nicht den Kampf für den Frieden. Frieden ist vielmehr ein BewusstSein, ein inneres In-FriedenSein. Frieden kannst du nicht erzwingen. Du verlässt die Energie des Friedens, sobald du Frieden erzwingen oder erkämpfen willst. Wenn du schon von jemandem etwas verlangst, dann verlange es von dir. Aber die Energie, die dich zu wahrem Frieden führt, fordert und erzwingt nichts. In der Hingabe an das Leben und an das AllEine geschehen von selbst Handlungen des Friedens. Es gibt kein allgemein gültiges Rezept oder Konzept für Frieden, das du erfüllen musst. Es geht vielmehr darum, die Angst, die Zweifel und die Unbewusstheit zu überwinden und dir des EinenSeins, des tiefen Friedens, der in allem ruht, bewusst zu werden.

Dieses Buch ist kein politisches Buch, auch wenn Krieg und Frieden die Politik beschäftigen und in der Hand von Regierungen liegen. Frieden ist mehr als ein politisches Thema. Es geht um die Bewusstwerdung deiner Essenz, um unendliche Liebe und nicht so sehr um die richtigen politischen Ansichten. Wahrer Frieden ist universell und ruht in allem, was ist, auch in jedem von euch. Er grenzt nicht aus, umfasst alles, überwindet die Illusion der Trennung und lässt dabei die Einheit allen Seins erkennen. Urteile von Richtig und Falsch, Gut und Böse bringen nur Trennung und Kampf. In wahrem Frieden siehst du dich nicht mehr als Kämpfer für das Gute gegen das Böse, weil diese Trennung nicht mehr existent ist. Du verlässt das

GewahrSein des Friedens, wenn du das „Gute" verteidigen willst und gegen das „Böse" kämpfst. Denn die Kraft des Kampfes ist präsent. Du scheinst für Frieden einzutreten, aber trotzdem kämpfst du.

Wahrer Frieden ist der Austritt deines BewusstSeins aus der Dualität, obwohl du mitten in der Dualität lebst.

Wahrer Frieden ist die Bewusstheit der Einheit in allem, was ist.

Wahrer Frieden ist unabhängig von allem, was im Außen geschieht.

Das heißt nicht, das „das Außen" völlig gleichgültig ist. Es bleibt auch keine Trennung mehr von innen und außen. Wahrer Frieden ist das BewusstSein der Erleuchtung, des EinenSeins. Wahrer Frieden lässt dich in dir ruhen, gibt dir Gelassenheit und Langmut, manchmal aber auch eine kämpferische Kraft, die dich nicht *gegen* etwas kämpfen, sondern *für* etwas eintreten lässt.

Grundsätzlich unterschätzt ihr die Kraft des BewusstSeins. Ihr unterschätzt auch das Potenzial, das in jedem Einzelnen von euch liegt. Glaubt ihr, dass es nicht ausreicht, nur den Frieden in sich selbst zu finden? Das scheint egoistisch zu sein. Viel heroischer und selbstloser ist da schon die Motivation, die Welt retten zu müssen.

Wenn das dein Anliegen und es dir damit wirklich ernst ist, möchte ich dir deutlich mit all meiner Liebe sagen: Finde Frieden in dir, mit dem Leben und mit allem, was ist.

Jeder Krieg beginnt mit dem Kampf, den ihr in euch selbst führt. Jeder Krieg beginnt mit dem Bewusstsein der Trennung. Jeder Krieg beginnt aus einem Unfrieden in jedem Einzelnen von euch. Es ist der Spiegel im Außen, der das Innere reflektiert. Es scheint für euch selbstverständlich zu sein, friedvolles Handeln von den anderen, besonders von den Politikern, zu erwarten. Doch ist es dir selbst überhaupt möglich, mit dir und deinem Leben in Frieden zu sein? Wie oft kämpfst du selbst? Wieso erwartest du dann von anderen, dass sie es besser machen als du?

Ich möchte dich mit diesem Buch zu dir selbst zurückführen. Dieses Selbst ist der ewige Friede, unendliches Sein, Gott, das Nichts, oder wie immer du es nennen magst. Wahrer Frieden hat viel mehr mit unendlicher Liebe, dem Sein in tiefem Frieden, zu tun als damit, was andere Menschen alles anders und besser machen müssten. Es dreht sich einzig und allein um deine Essenz. Aus dem BewusstSein des Friedens geschehen friedvolle Handlungen von selbst. Während der Kampf gegen den Krieg auch aus der Energie des Kampfes und der Trennung geschieht. Wahrer Frieden ist untrennbar von bedingungsloser Liebe. Das GewahrSein unendlicher Liebe, des wahren Friedens ist deine Erlösung, aber auch die der Welt.

Das ist der Schlüssel zur Lösung aller Herausforderungen und Schwierigkeiten eures Lebens. Es ist der Schlüssel zum wahren Sein, zum Aufstieg, zur Erleuchtung, zur Buddhaschaft, oder wie immer ihr es nennen wollt. Krieg und Frieden sind nicht nur in Verbindung mit den Auseinandersetzungen verschiedener Länder dieser Welt zu bringen, also mit der äußeren Welt. In den Kriegen der Länder spiegeln sich auch euere inneren Thematiken wider. Krieg und Frieden in der Welt sind der Makrokosmos. Ich werde euch aber hauptsächlich den Mikrokosmos, den Frieden in euch selbst, bewusst machen. Wenn du Frieden in dir gefunden hast, strahlt dieser Frieden in die Welt, ohne dass du dafür kämpfen musst. Du unterstützt den Frieden durch deine Handlungen, die aus dem BewusstSein des Friedens entstehen. Du musst dabei nicht die Absicht verfolgen, die Frieden heißt, sondern du selbst bist der Frieden. Du selbst reflektierst den Frieden, und dein Tun ist ein Spiegel dessen. Du strahlst den Frieden aus, weil du der Frieden bist. Wenn du in Frieden bist, was kann daraus anderes entstehen als Taten des Friedens?

Aber es geht hier weniger ums Tun, als ums Sein, ein In-FriedenSein, ganz natürlich und selbstverständlich. Gerade ohne Absicht bringst du Frieden. Das ist das, was durch mich in der Inkarnation als Jesus der Christus geschah. Ich brachte Frieden, weil Frieden in mir war. Es war nicht meine Absicht, die Menschen verbiegen und ändern zu müssen. Ich brachte Frieden, weil Liebe, weil Einheit durch mich wirkte und die Flamme der Liebe und des Friedens in mir brannte. Die Formulierung: „Liebe und Frieden wirkten durch mich" trifft es nicht einmal, denn es gab kein Ich getrennt von der Liebe und dem Frieden. Es wirken niemals Liebe und Frieden, auch nicht Einheit, *durch* jemanden. Im EinenSein existiert kein Jemand getrennt von Liebe oder Frieden. Alles ist Liebe. Alles ist Friede – absichtslos. Es gab kein Ich, das etwas erzwingen wollte. Diese Veränderungen geschahen von selbst, weil ich im BewusstSein des Friedens und unendlicher Liebe lebte. Das BewusstSein unendlicher Liebe, tiefen Friedens brachte unglaubliche Transformationen in aller Einfachheit hervor.

In Frieden mit den Menschen zu sein, sie zu lieben, wie sie sind, ist eine starke Kraft. Diese wundervolle Energie tiefer Liebe bringt eine Transformation, die viel stärker ist, als zu kämpfen für den Frieden, aber gegen die Welt, die euch oft so brutal, unmenschlich und kriegerisch erscheint. Kämpfe nicht gegen die Welt! Und Kämpfe auch nicht mit den Menschen, die nur materielle und machtorientierte Aspekte verfolgen. Nein. Kämpfe nicht, auch nicht mit dir. Du bist eingeladen, den Kampf aufzugeben. Denn wenn du Frieden willst, dann geht es auch wirklich um Frieden und nicht um Kampf. Dann gilt es, in Frieden zu leben, zu sein. Wenn es um das Thema Krieg und Frieden geht, kommst du wahrscheinlich nicht auf die Idee, dass auch die Kämpfe, die du mit verschiedenen Aspekten und Kräften in dir selbst und mit anderen Menschen führst, gemeint sind. Sei in Frieden mit dir, mit dem Leben und mit den Menschen. Wenn du dich nach Frieden in der Welt sehnst, finde ihn in deiner Welt. Du bist eine einzelne Zelle, – individueller Ausdruck des Ganzen. Und in dieser einen Zelle ist das ganze Universum enthalten. Wenn du in Frieden bist, kannst du nicht anders, als Frieden weitergeben. Absichtslos. Du bringst Frieden, weil du in Frieden bist. Das strahlt aus. Kannst du jetzt verstehen, warum ich dich in diesen einleitenden Worten immer wieder auf dich selbst verweise? Kannst du jetzt verstehen, warum du von so großer Bedeutung bist, – du – nur ein Tropfen im Ozean, ein Funke im Universum. Doch dieser eine Funke ist bedeutsam, spiegelt er doch das Universum wider. Jeder einzelne Funke ist wichtig. Trotzdem kannst du die Welt nicht retten. Das liegt nicht in deiner Macht. Du kannst nicht erzwingen, dass die Menschen von heute auf morgen anders sind. Alles Sehnen, alle Ungeduld kannst du in dir fokussieren auf das GewahrSein des tiefen Friedens, der unendlichen Stille, die in ihrer Vollständigkeit und Vollkommenheit bereits jetzt in dir ist. Du kannst jetzt Frieden schließen. Du kannst jetzt In-FriedenSein. Das ist deine Freiheit. Die Welt aus den Angeln heben kannst du nicht. Verändern kannst du nur, indem du die Revolution, die Transformation in dir selbst vollziehst. Aber diese Revolution liegt nicht im Kampf. Die Transformation liegt in der Kraft der Liebe und des Friedens. Es gibt nichts Kraftvolleres als das BewusstSein unendlicher Liebe, tiefen Friedens. Da lösen sich Ich und Du, da löst sich jegliche Trennung auf.

Das heißt nicht, dass es nicht Unterschiedlichkeit, Konfrontation und Vielfalt gibt, doch du erkennst die gemeinsame Essenz in und hinter allem. Du bist einfach. Du bist frei.

Bei vielen, scheinbar selbstlosen Einsätzen für den Frieden geht es doch oft auch nur um dich, weil du versuchst, etwas zu bekommen –, sei es Anerkennung, eine Lösung deiner inneren Spannungen, oder das Gefühl, ein guter Mensch zu sein und dich nicht länger hilflos zu fühlen. Daran ist nichts falsch. Wenn in dir die Sehnsucht nach Frieden brennt und dich ruft, finde ihn, jetzt! Sei in Frieden, jetzt! Dann gibst du selbstverständlich, ohne etwas zu erwarten und bist ein Botschafter des Friedens. Du erwartest nicht, dass die anderen sich verändern, damit du glücklich sein kannst. Dir fehlt nichts mehr, weil du in tiefem Frieden bist. Es stirbt auch jegliche Abhängigkeit, etwas zu brauchen, sei es Anerkennung oder Liebe. Liebe und Friede – sie sind immer. Sie *sind*, jetzt!

Jetzt kannst du Frieden in dir selbst finden. Und wenn du dir nur für die Welt und nicht einmal für dich Frieden wünschst, finde trotzdem Frieden in dir. Dieses Geschenk kannst du dem Weltfrieden geben. Es funktioniert nicht anders. Jeder Einzelne, der in Frieden ist, ist ein riesiges Potenzial für den Weltfrieden. Durch ihn geschehen Handlungen des Friedens. Ihr könnt dann gar nicht anders. In Frieden zu sein schließt nicht aus, sich aktiv für den Frieden einzusetzen, und ist nicht gleichbedeutend damit, sanftmütig über allem zu schweben und keine Unterschiedlichkeit mehr zu kennen. Die Einheit hinter der Unterschiedlichkeit ist bewusst, selbst wenn Auseinandersetzungen geschehen.

Ohne Absicht baut sich durch dieses Buch ein Netz des Friedens auf. Dieses Buch ist ein Projekt von vielen, um euch den Frieden zu bringen. Ich selbst kann euch keinen Frieden bringen. Wie denn auch, – wenn der Friede und die Liebe des AllEinen deine Essenz ist und du das schon immer bist. Es kann nicht gebracht, sondern nur bewusst gemacht und erkannt werden. Ich kann euch keinen Frieden bringen. Das scheint nur so. Wenn überhaupt, kann ich euch an den Frieden, an das, was ihr schon seid, erinnern. Liebe und tiefer Frieden hinter allen Erscheinungen. Willkommen bist du, Flamme des Friedens. Lass diese Saat, die in dir ist, aufgehen. Lichte die Schleier der Unbewusstheit, entstanden durch Angst, Zweifel und Kampf.

Ich möchte dich unterstützen, die Schleier fallen zu lassen, um das pure Gold, den ewigen Frieden in dir, bewusst erstrahlen zu lassen. Du bist bereits der Friede, nach dem du dich sehnst.

Einige dieser Themen, die ich jetzt in meinen einführenden Worten angerissen habe, werde ich in späteren Kapiteln noch vertiefen. Ich spreche immer wieder von tiefem Frieden, von unendlicher Liebe, von dem Ewigen und der ewigen Gegenwart, von dem AllEinen, dem EinenSein, dem Nichts, von Gott und dem Namenlosen. Es sind alles nur verschiedene Worte, die dasselbe zu beschreiben versuchen. Letztendlich ist es nicht in Worte zu fassen, weil es namen- und formlos ist und doch so viele Namen und Formen annehmen kann.

Auch in den verschiedenen Religionen gibt es dafür unterschiedliche Bezeichnungen, obwohl hinter allem nur die Eine Kraft ist. Halte dich also nicht an einem einzelnen Wort fest. Wenn du mit einem Wort nichts anfangen kannst, fülle es mit dem, was dir näher ist, oder du lässt zu, dass es nicht greifbar, sondern einfach namenlos ist.

In diesem Buch wirst du auch immer wieder auf Seiten mit nur wenigen Worten treffen. Bevor du denkst: „Was für eine Verschwendung" oder vielleicht: „Jetzt habe ich ausgerechnet ein Fehlexemplar erwischt", möchte ich dich darauf hinweisen, dass diese Seiten kein Zufall sind. Vielmehr lade ich dich zu einem Experiment zur Bewusstwerdung und zur Energieübertragung ein. Diese speziellen Seiten sind also Praxisseiten. Lass die wenigen Worte auf dich wirken. Spüre die Energie des Wortes, tauche ein, experimentiere damit. Nimm dir auch Zeit für diese besonderen Seiten. Sie unterstützen dich bei der Konzentration aufs Wesentliche. Es geht hier um deine Essenz, um die direkte Erfahrung, dein DaSein zu spüren. Das Wesentliche bedarf nicht vieler Worte. Es ist einfach und direkt.

Gesegnet bist du. Frieden ist dein Zuhause. Die Sehnsucht nach Frieden beginnt und endet in dir. Frieden in jeder Zelle deines Seins. Frieden in jeder Zelle des Universums. Frieden jetzt, nicht erst, wenn dein Körper stirbt und „die Seele reist". Lebt in Frieden, jetzt! In-FriedenSein schließt in Frieden sterben und leben ein. In-FriedenSein, egal ob dein Körper lebt, egal welche Form du annimmst oder in welcher Dimension du existierst. Frieden bleibt, Frieden ist, mit oder ohne einen Körper. Frieden, in alle Ewigkeit. Frieden, „die Kraft der Ewigkeit". Liebe, die Kraft der Ewigkeit. Du bist eingetreten in das Reich des Friedens, das dein Zuhause ist. Die Tore sind geöffnet. Ein bewusstes Energiefeld des Friedens baut sich auf. Erinnere dich an die wahre Kraft des Friedens. Engel des Friedens berühren dich, jetzt! Sie berühren das in dir, was immer in Frieden, immer in Liebe, immer zu Hause ist. Frieden, jetzt! Liebe, jetzt! Ewigkeit, jetzt!

**Willkommen
in dieser Welt!**

Mangel – nur eine Illusion

Wie ihr wisst, werden die meisten Kriege aus der Gier nach Macht, Besitz, Kontrolle und Rechthaberei geführt. Jetzt wirst du vielleicht denken: „Das habe ich doch schon immer gesagt. Die „bösen" Menschen, die nie genug bekommen können, die immer mehr haben wollen und nur auf Geld und Macht aus sind. So viele unschuldige Menschen müssen dafür sterben." Natürlich hast du Recht.

Aber vielleicht sind es trotzdem nicht nur die anderen, die ihre Macht ausdehnen und Kontrolle haben wollen. Kennst du das nicht auch?

Ich möchte dir einen Spiegel vor Augen halten. Dieser Spiegel will dich die Einheit allen Seins erkennen und dir bewusst werden lassen, dass du ein Teil des Ganzen bist, in dem alle Aspekte wiederzufinden sind. Vielleicht ziehst du selbst nicht in den Krieg, um Besitz und mehr Macht zu bekommen. Aber vielleicht kennst du die Angst, nicht genug zu bekommen? Den Wunsch, Recht haben zu wollen? Und die Kämpfe um Macht und die damit verbundenen Gefühle von Ohnmacht, Hilflosigkeit und Wut. Das ist sooo menschlich! Die meisten von euch, die dieses Buch lesen, sind keine Neulinge auf dem Weg der Selbsterkenntnis. Sie wissen, wie wichtig die Bewusstwerdung der vollkommenen Göttlichkeit in allem ist. Und obwohl du um all das weißt, gibt es Momente, in denen du Mangel empfindest und das Gefühl hast, aufpassen zu müssen, damit dir nichts genommen wird und du genug bekommst.

Das bezieht sich nicht nur auf materielle, sondern auch auf emotionale Aspekte. Vielleicht hast du Angst, nicht genug Liebe, Aufmerksamkeit und Anerkennung zu bekommen, oder du verteidigst argwöhnisch im Arbeitsbereich dein Revier und deine Macht. Das muss nicht einmal auf aggressive Art und Weise geschehen. Vielleicht kämpfst du auch nicht offensichtlich. Vielleicht bist du niemand, der augenscheinlich die Energie des Aggresors in sich trägt und suchst auch nie direkt den Kampf. Vielleicht ist es bei dir subtiler. Trotzdem sieh hin, wie menschlich du bist. Manchmal suchst vielleicht auch du aus innerem Mangelempfinden nach äußerer Erfüllung und Sicherheit, und dann spielt Geld in deinem Leben eine größere Rolle, als du glaubst. Verurteilst du Geld- und machtorientierte Menschen? Oder bist du im Kampf mit ihnen? Auch viele, die den Weg der Bescheidenheit zu gehen scheinen, wünschen sich oft die Fülle, ohne es sich einzugestehen. Wie oft versuchst du, dein Revier zu verteidigen oder übertrittst die Grenzen anderer? Wie oft ziehst du in den Kampf? Wenn du wirklich innerlich in Frieden und genährt bist, gibt es keine Notwendigkeit mehr, gegen jemanden zu kämpfen oder deinen Besitz auf Kosten anderer zu erweitern.

Ja, weltpolitisch gesehen, geht es oft um Macht und Geld. Das ist für euch alle nichts Neues. Viel weniger bewusst sind euch aber eure eigenen Anteile. Aber die Welt existiert nicht getrennt von euch. Es ist zu leicht, euch immer nur als die „Guten", getrennt von der bösen, habgierigen und machtorientierten Welt wahrzunehmen. So lange ihr nicht wahre Fülle und ein inneres GenährtSein erfahrt, seid ihr von der Angst begleitet, emotional oder materiell nicht genug zu haben. Ein Ende ist so nicht absehbar.

Doch aller Reichtum und alle Macht können dieses Defizit in dir nicht füllen. Du bleibst immer hungrig. Es bleibt das Gefühl, dass dir etwas fehlt, und die Angst, dass dir das, was du hast, verloren gehen könnte. Es scheint immer etwas zu fehlen, um glücklich sein zu können. So bist du immer bedürftig, suchst und brauchst immer etwas. Meist suchst du nach Sicherheit, Macht, Geld, Liebe oder Anerkennung. Du versuchst, diese scheinbare Lücke in dir zu füllen. Aber so kannst du sie nie füllen.

Das Gefühl von Mangel und die Suche enden nur mit dem GewahrSein der Vollständigkeit in dir. Aus dieser inneren Fülle heraus kann auch äußerer Reichtum geschehen, ohne Zwang und ohne Kampf. Du bist frei, und dein Glück ist nicht mehr davon abhängig. Dieser tiefe Frieden, diese Vollständigkeit kann dir nicht genommen werden. Niemand kann dir dieses tiefe Glück nehmen oder schmälern, weil es ewig und unzerstörbar ist. Die Vollkommenheit des Seins, das Glück der Vollständigkeit ist der wahre Reichtum. Das schließt jedoch nicht die Möglichkeit äußeren Reichtums aus. Das heißt auch nicht, dass euch Geld unwichtig werden muss oder ihr allem Weltlichen entsagen sollt. Es ist nur die innere Freiheit, dich nicht mehr aus Angst und Gefühlen des Mangels an etwas festzuhalten oder dein Glück von etwas abhängig zu machen. Die Suche nach etwas, was dir fehlt, endet. Du bist dir der vollkommenen Schöpferkraft in allem bewusst. Fast ausschließlich aus dem Gefühl von Mangel entsteht ein übermäßiges Streben nach Macht und Besitz.

Ich möchte jetzt auf das Thema Macht noch näher eingehen. Es sind hier nicht nur die angesprochen, die offen nach Macht streben, sondern auch diejenigen, die diese ablehnen. Manche Menschen streben nach Macht, um sich selbst aufzuwerten und sich wichtig und mächtig zu fühlen. Andere wiederum lehnen ihre natürliche Macht ab, um sich voller Selbstmitleid in der Rolle des Opfers wiederzufinden. Die natürliche Macht, von der ich spreche, ist, wie ich es im meinem Buch *„Die Neue Zeit ist jetzt"* bereits ausführlich beschrieben habe, die Kraft des ICH BIN. Diese natürliche Macht hat nichts damit zu tun, dich größer oder kleiner zu machen als du bist. Du *bist* einfach.

Solange ihr euch eurer wahren natürlichen göttlichen Macht nicht bewusst seid, glaubt ihr immer, etwas verteidigen zu müssen, entweder die vermeintliche Schwäche, oder die vermeintliche Stärke. In der selbstverständlichen Kraft des ICH BIN aber bist du dir der Vollständigkeit, deiner natürlichen Macht und Autorität, bewusst. Sie ist einfach da.

Es geht nicht mehr um Auf- und Abwertung, auch nicht um die Identifizierung mit der Opfer oder Täterrolle. Es geschieht eine natürliche Autorität aus der Selbstverständlichkeit des Seins. Du fühlst dich nicht mehr bedroht, hast nichts mehr zu verteidigen, und es gibt auch keine Notwendigkeit, andere zu bedrohen. Du bist gewahr, dass Liebe in allen und für alle ist. Es gibt keinen Mangel. Nur

Angst, Zweifel und Unbewusstheit lassen euch glauben, dass es zu wenig für alle gibt.

Es ist eine Illusion zu glauben, dass wenn du in Fülle und Glück lebst, das auf Kosten eines anderen gehen muss und du ihm etwas wegnimmst. Dem liegt die Vorstellung von der Begrenztheit von Energie zu Grunde. Doch die Kraft des AllEinen kennt keinen Mangel und keine Begrenzung. Sie ist unendlich und ewig. Es gibt kein begrenztes Potenzial an Glück, Reichtum, Fülle oder innerer Zufriedenheit. Alles und nichts in allem. Diese Illusion der Begrenzung energetischer und auch einiger materieller Ressourcen entspringt einem begrenzten Geist. Gib nicht dem Mangel deinen Glauben. Vernimm vielmehr die Unendlichkeit des Seins, das GetragenSein.

Es gibt einen inneren Reichtum, der unabhängig ist von materiellem Reichtum. Unendliche Freiheit, wenn der Mangel im BewusstSein überbrückt ist. Der Mangel existiert nur in euren Gedanken und in euren Vorstellungen. Diese Vorstellung von Begrenzung und von Mangel an Energie lässt euch glauben, dass wenn der eine etwas nimmt, er es jemand anderem wegnehmen muss. Diese Vorstellung macht euch auch glauben, dass ihr das, was euch wichtig erscheint, festhalten und verteidigen müsst. Wenn etwas geht, kommt etwas Neues. Kein Mangel. Nur Wandlung. Kommen und Gehen. Wahrer Frieden ist und bleibt, während alles andere mit dem Fluss des Lebens kommt und geht. Wahrer Frieden beginnt, wenn du die Begrenzung deiner Vorstellungen durchbrichst, indem du der inneren Vollständigkeit, deines „Zuhause" gewahr bist.

Wenn du den Frieden in dir gefunden hast, geschieht freies Fließen von Energien von selbst. Dann ist nicht mehr die Notwendigkeit gegeben, aus der Angst heraus, etwas nicht bekommen oder verlieren zu können, mit anderen zu kämpfen und das Spiel um Macht noch weiter zu spielen. Es geht dir nicht mehr um „deine persönliche Macht". Du hast „deine persönliche Macht" in die Hand der allmächtigen, der größeren Macht der Liebe gegeben. Alles ist Gott. Alles ist Liebe. Nichts bleibt. Kein getrenntes Ich, kein getrennter Gott. Niemand kann diese ewige Kraft zerstören, schmälern oder beengen. Gib dich dieser natürlichen Kraft hin. Sie ist in dir, in allem, was ist. Du bist sie selbst.

All die Bilder, die ihr von euch selbst habt, sind begrenzt. Aufwertungen genauso wie Abwertungen. In dem BewusstSein des EinenSeins gibt es keinen Wert. Gut oder schlecht. Oben oder unten. Da ist nur das ICH BIN. Auch nicht: Ich bin etwas und etwas anderes nicht. Es bezeichnet nichts. Das ICH BIN lässt alles weitere offen. Es bezeichnet nur das Sein. Keine weitere Identifizierung. Alles und nichts.

Wer kann beurteilen, ob du wertvoll bist? Du oder die anderen? Ihr tut es zwar, weil es menschlich ist. Das, was du bist, ist aber ohne einen Wert. Es *ist* einfach. Es ist Stille, Nichts, tiefer Frieden. Jenseits der Vorstellung, was du wert bist, ist die natürliche Kraft des ICH BIN. *Sei* einfach, ohne die Vorstellung darüber, *wie* du sein müsstest. Wertvoll oder nicht wertvoll? Wen interessiert das? Ich habe kein Interesse daran, euren Selbstwert zu stärken und euch aufzuwerten. Die Kraft des ICH BIN ist jenseits von

Bewertung. Sie ist neutral. Es ist DaSein im BewusstSein der Vollkommenheit, der Vollständigkeit. Darin liegt ein tiefer Frieden. Kampf und Krieg entstehen aus Angst, Machtanspruch und aus Gedanken des Mangels. Gedanken des Mangels können sich vielfältig ausdrücken: „Bekomme ich den besten Job? Habe ich genug Geld? Lieben und schätzen mich andere? Bekomme ich genug, um glücklich zu sein? Hat mich „Gott" vergessen? Meint er es mit mir und meinem Schicksal nicht so gut wie mit anderen?

Anstatt euch der Vollkommenheit bewusst zu sein und in das GenährtSein zu vertrauen, glaubt ihr, zu kurz zu kommen und lauft dem Glück hinterher. Ihr glaubt immer, dass euch etwas fehlt. Sie *ist* aber bereits, die Vollständigkeit. Da ist kein Mangel. Es sei denn, du glaubst den Gedanken des Mangels. Dann ist er präsent, obwohl die Vollkommenheit, der tiefe Frieden bereits sind und allem zu Grunde liegen. Schau einmal: Was glaubst du fehlt dir, um glücklich und vollständig zu sein? Wo hast du Angst, dass dir etwas genommen werden könnte, das es festzuhalten und zu verteidigen gilt? Wann und wodurch fühlst du dich angegriffen? Du kannst dich nur dann angegriffen fühlen, wenn es den Glauben in dir gibt, dass du angegriffen werden könntest und das Gefühl hast, etwas, einschließlich dich selbst, verteidigen zu müssen. Das ist aber eine Illusion. Du bist ewiges, unsterbliches Selbst. Selbst wenn du einst das Gefühl hattest, dass für immer etwas zerstört und dir genommen wurde, bleibt ewiges Sein, ein Sein, das immer vollkommen ist. Erinnere dich an diese Ganzheit, an diese Vollkommenheit, die du bist.

Auf der emotionalen Ebene fühlst du dich vielleicht durch manche Erfahrung oder manches Trauma seelisch oder körperlich eingeschränkt. Vielleicht hast du auch das Gefühl, etwas sei in dir gestorben, durch sexuelle, körperliche oder seelische Gewalt, oder durch Demütigungen oder Vertrauensbrüche. Selbst wenn dich das heute noch begleitet, – nimm bewusst wahr, dass es vorbei ist. Das Jetzt, dieser neue Moment, ist deine Chance. Wenn du die alten Erfahrungen nicht immer wieder nährst, sind sie vergangen und beendet. Jetzt ist ein neuer Moment.

In mir ist tiefes Mitgefühl für deinen Schmerz. Wenn du immer noch tiefen Schmerz fühlst, dann lass ihn in seiner ganzen Intensität endlich zu. Lass ihn ganz da sein, solange er da sein will. Doch dann lass es gut sein. Nutze die Chance. Dein Glück ist, dass Erfahrungen vergänglich sind. Sie haben nicht wirklich die Macht, dein wahres Sein zu behindern, zu schmälern oder zu verletzten. Erinnere dich an unsterbliches ewiges BewusstSein, an das, was in seiner Vollkommenheit unberührt geblieben ist.

Immer wieder und unermüdlich werde ich euch in diesem Buch auf das verweisen, was unsterblich, ewig, und in seiner Vollkommenheit immer unberührt, unversehrt geblieben ist.

Das sind keine leeren Worte. Das meine ich sehr ernst. Halte dich nicht an deinen Bildern und Erfahrungen fest, auch nicht an deiner Vorstellung, sexuell, körperlich oder seelisch eingeschränkt, verwundet, minderwertig oder beschränkt zu sein. Das ist Vergangenheit. Nimm wahr, wie zu jeder Zeit Vollständigkeit ist, auch wenn es Gefühle des

Mangels gab. Schau nicht auf das, was dir angeblich alles fehlt. Ja, vielleicht bist du in manchen Bereichen eingeschränkt und glaubst, nicht die besten Umstände zu haben. Na und! Die Freiheit der Seele ist. Es kommt auf deine innere Bewusstheit an. Du kannst alles haben, selbst die perfekten äußeren Umstände, und doch werden sie nie gut genug sein, wenn du nicht der Vollkommenheit des Seins gewahr bist.

Es gibt Menschen, die in sehr eingeschränkten Verhältnissen leben, die auch körperliche oder geistige Behinderungen haben und freier sind als manche Menschen, die alles zu haben scheinen und trotzdem noch Mangel und Unzufriedenheit empfinden. Nimm die Vollkommenheit deines Lebens wahr, so wie es jetzt ist. Es hat nichts damit zu tun, dass du äußerlich reich sein musst, den perfekten Job, die perfekte Frau, den perfekten Mann, die perfekten Eltern, die perfekten Eigenschaften haben musst. Vernimm die Schönheit und die Vollkommenheit deines Lebens, so wie es jetzt ist. Zwei Menschen können in derselben Situation sein, und sie können es ganz unterschiedlich empfinden. Der eine empfindet diese Situation als Katastrophe, der andere vielleicht als Glück, obwohl die Umstände dieselben sind. Es geht um den inneren Frieden, nicht um die äußeren Bedingungen, auch nicht um Armut oder Reichtum. Es geht um die innere Freiheit, um die Unabhängigkeit von äußerem Geschehen. Das bedeutet nicht, allem Materiellen zu entsagen und in Armut leben zu müssen. Aber mache dein Glück nicht davon abhängig, was du dir leisten kannst, wie zum Beispiel eine Urlaubsreise oder ein neues Auto.

Du bist gefangen, wenn du immer das Gefühl nährst, zu wenig Geld zu haben. Du fühlst dich arm, weil Armut in dir lebt. Letztendlich ist es aber die mangelnde Bewusstheit der Vollkommenheit dessen, was du bist. Frieden und Glück sind unabhängig von Geschehnissen.

Es gibt Menschen, die sich innerhalb ihrer finanziell sehr begrenzten Möglichkeiten frei und genährt fühlen, während andere sich in derselben Situation bemitleiden und arm fühlen. Aber es gibt Menschen, die alles haben, und dennoch Mangel empfinden, sei es emotionaler, seelischer und sogar finanzieller Art. Es gibt die ganze Palette. Du bekommst aber immer genau das, was du haben sollst. Im BewusstSein der Vollständigkeit dessen, was du bist, hast du immer genug, egal wie wenig es ist.

Für den Frieden ist auch das BewusstSein deiner Vollständigkeit und dass es genug für alle gibt, eine wichtige Grundlage. Vieles in eurem Leben lässt sich zwar am Geld festmachen, aber meistens geht es gar nicht darum. Viele emotionale Themen, mangelndes Urvertrauen und Überlebensängste spiegeln sich hier wider. Oft, wenn es sich ums Geld dreht, sucht ihr eigentlich nach innerer Fülle, nach dem GenährtSein durch den göttlichen Strom. Stell dich diesem inneren Sehnen direkt. Sonst wirst du nie genug bekommen, und nichts wird jemals reichen. Wenn du darüber schimpfst, dass sich in der Welt so vieles um Macht und Geld dreht, vergiss nicht, auf dich selbst zu schauen.

Das alles ist aber kein Grund für Scham- und Schuldgefühle. Ihr seid eben menschlich. Ihr kennt alle die Angst, vergessen zu werden, zu kurz zu kommen, oder nicht richtig zu sein. Ihr habt fast alle die Vollkommenheit eures wahren Seins vergessen. Ihr habt all diese Spiele von Macht und Ohnmacht, Angriff und Verteidigung, von Schuld und Mangel gespielt. Wenn du dir dessen bewusst und damit in Frieden bist, können sich statt Urteil und Schuldzuweisung Liebe und Mitgefühl ausbreiten. Eure Welt verändert sich in dieser Zeit sehr schnell, große Wandlungen und Transformationen geschehen. Alte Strukturen brechen zusammen, um euch wachzurütteln. Ihr seid aufgerufen, in der Materie in einem tieferen und umfassenderen BewusstSein zu sein. Ihr werdet mehr und mehr erkennen, dass wahre Sicherheit, wahrer Reichtum nur in euch, in der Liebe des AllEinen, zu finden ist. Vieles verändert sich. Nichts mehr, woran ihr euch festhalten könnt. Welch wunderbarer göttlicher Plan, um euch zum Wesentlichen, zu wahrem Reichtum zu führen. Da ist nur Vollkommenheit. Nichts fehlt.

Euer Wunsch nach Reichtum ist auch der Wunsch, genährt zu sein, nichts zu entbehren und vollständig und glücklich zu sein. Wenn ich von „Angekommensein" spreche, heißt das nicht, dass es keine Weiterentwicklung, kein Lernen gibt und nicht noch viel zu tun. Du kannst nicht ankommen im EinenSein. Wie kannst du in der Essenz ankommen, die du schon bist? Du kannst dir dessen nur bewusst werden. Dann geht oft das Tun erst richtig los. Du tust das, was getan werden muss, ohne es für die Aufwertung deines Wertes, deines Egos zu brauchen. So viele Projekte, die auf Menschen warten, die frei sind, weil sie leere Gefäße sind und das AllEine durch sie ungehindert wirken kann.

Vielleicht hast du Angst, wenn du nicht alles kontrollierst, beeinflusst und steuerst, dass alles aus dem Ruder läuft und Chaos regiert. Wenn du dich statt dieser Gedanken und Ängsten der Vollkommenheit anvertraust, können so viele wundervolle Projekte durch dich im Dienst für diese Welt geschehen. Ohne diese suchen zu müssen, finden sie dich. Vertraue mir. Die Quelle ist voll, sie ist vollständig. Sie kennt keinen Mangel. Ihr fehlt nichts. Du kannst darauf vertrauen, dass dein Leben so, wie es ist, Vollkommenheit in sich trägt. Alle Argumente und Beweise, warum dein Leben doch Mangel aufweist, entspringen nur deinem Mangeldenken und der Verstrickung in der Dualität. Glaubst du, dass göttliches BewusstSein etwas vergessen bzw. übersehen haben könnte? Glaubst du, dass Gott es mit manchen Menschen gut meint, und mit anderen nicht?

Schau dir nur das Wunder des Lebens an und wie euer Körper in seiner Vollkommenheit funktioniert. Schau dir die Geschehnisse deines Lebens an. Sie sind perfekt geführt, wie du sie gar nicht besser planen und steuern könntest. Vertraue darauf, dass die göttliche Kraft Weisheit in sich trägt und nichts außer Vollkommenheit ist. Dir fehlt nichts!

Das siehst du ganz anders? Mag sein. Trotzdem existiert das Problem, dass ihr euren Urteilen und euren Gedanken, besonders denen des Mangels, zu viel Wert beimesst, anstatt euch in unendliches Sein fallen zu lassen.

Das ist viel allumfassender, als du es dir vorstellen kannst. Unendliches Sein. Gib dich dem AllEinen hin, anstatt deinen Ängsten und Zweifeln. Habe den Mut, dir deiner Begrenzungen, Ängste und Zweifel bewusst zu sein. Habe den Mut, das Gemeinsame, das euch Menschen miteinander verbindet, zuzulassen. Spalte nicht durch dein Urteil, dass die Anderen die Bösen und du der Gute bist. Es nützt nichts, wenn du deinen Heiligenschein polierst. Vielmehr bringen Liebe und Mitgefühl für die Menschlichkeiten der anderen Heilung und Befreiung. Habe den Mut, trotz Grenzen und Herausforderungen die vollständige Göttlichkeit in dir und in allem, was ist, zu erkennen.

Gesegnet seist du mit der Erkenntnis der Vollkommenheit und der Vollständigkeit. Du bist ewiges unsterbliches BewusstSein, dem nichts fehlt und dem nichts verloren gehen kann. Ob du das verstehst und ob du dir dessen bewusst bist, ist nicht wirklich von Bedeutung. Es ist und bleibt immer und ewig. – Ein Sein in allem, was ist. Frieden, Jetzt! Amen.

☆☆☆☆☆

Liebe – Basis für den Frieden

Ich möchte euch von der Liebe erzählen, einer Liebe ohne Bedingungen. Denn im BewusstSein unendlicher bedingungsloser Liebe sind Kampf und Krieg nicht möglich. Du bist dir dann der gemeinsamen Quelle allen Seins bewusst. Du unterlässt dann von selbst kriegerische Handlungen, weil du den Schmerz, den du jemand anderem zufügst, wie deinen eigenen fühlst. Die künstliche Trennung zwischen dir und anderen, die nur in euren Vorstellungen existiert, fällt weg. Liebe, die gemeinsame Quelle, ist dir bewusst. Diese Liebe bringt euch auch deshalb Heilung, weil sie keine Bedingungen an dich und an das Leben stellt und ihr mit all eurer Menschlichkeit geliebt und willkommen seid. Bedingungslose Liebe ist von zentraler Bedeutung, für deinen Frieden, wie für den Weltfrieden.

Was bedeutet bedingungslose Liebe? Wie äußert sie sich? Vielleicht darin, zu allem Ja zu sagen, passiv zu sein, die Hände in den Schoß zu legen und keine Unterschiedlichkeit mehr zu empfinden? Nein. Auf der praktischen Ebene gibt es getrennte Körper, gibt es Grenzen und unterschiedliche Persönlichkeitsprägungen. Ihr spürt auch eine Resonanz nur zu bestimmten Menschen und müsst nicht alle Unterschiedlichkeiten gleich machen. Sollte das so sein, dann hätte unsterbliches ewiges BewusstSein euch gleich alle in dieselbe Form gepresst. Individueller Ausdruck hat seine Schönheit und seine Berechtigung. In der Tiefe des Seins seid ihr alle das AllEine, dieselbe Essenz, aber daraus formt sich verschiedener menschlicher Ausdruck.

Auf der äußeren Erscheinungsebene gibt es Unterschiede. Da ist nicht jeder deine Schwester und dein Bruder. Da gibt es verschiedene Rollen, wie zum Beispiel die von Eltern und Kindern, die auch ihre Berechtigung haben. Aber dahinter: Ein Sein. Dahinter dieselbe Essenz, – ewiges unsterbliches BewusstSein, unendliche Liebe in allem.

Ich bin kein Verfechter davon, alles künstlich zu harmonisieren. Das ist mit bedingungsloser Liebe nicht gemeint. Sie hat mit Wahrhaftigkeit zu tun und nicht damit, „lieb" sein zu müssen, sondern das anzunehmen und zu lieben, was ist. In Liebe sein mit allem, was ist. Bedingungslose Liebe liebt dich, wie du bist, in jedem Moment. Du bist bereits vollkommene Liebe und nichts als Liebe. Du erstrahlst bereits jetzt in der Vollkommenheit des Seins. Weder die geistige Welt noch das Leben stellt an dich Bedingungen. Erkenne, dass du selbst Liebe und nichts als Liebe, Ewigkeit und nichts als ewiges, unsterbliches BewusstSein bist. An dich wird nicht die Bedingung gestellt, anders sein zu müssen, besser, spiritueller, weniger „egoistisch", dynamischer, weniger gierig, kontrollsüchtig oder ängstlich. Fehlanzeige! Keine Bedingung. Liebe ohne Bedingung fordert nichts von dir. Sie IST. Sie fordert auch nicht das, was du von dir forderst und glaubst, erfüllen zu müssen. Das, was du von dir forderst, entspringt deinen Vorstellungen und Erwartungen darüber, wie du sein müsstest. Das sind *deine* Bedingungen. Unendliche Liebe stellt sie nicht an dich.

Unendliche Liebe, sie IST. Es ist ein Sein,
ohne Anfang, ohne Ende.
Du bist willkommen, nur weil du bist,
nicht weil du etwas tust, oder erreichen müsstest.
Wirklich! Du bist willkommen, nur weil du bist.
Nur sein; nicht etwas werden, etwas sein müssen,
sondern du selbst sein, so wie du bist.

Ist es nicht deine Sehnsucht, einfach nur geliebt und du selbst zu sein, ohne Urteil, ohne ein Ziel, das du erst erreichen musst? Die Freiheit der Liebe ohne Bedingungen ist in dir. Jetzt, genau in diesem Moment, bist du geliebt, nur weil du bist. Du darfst du selbst sein, so wie du bist. Du musst nicht anders sein. Bedingungslose Liebe – Sein ohne Bedingungen. Nimm die unendliche Liebe, vollkommenes Sein, das du bist, jetzt an! Vollkommenheit, ewiges unsterbliches BewusstSein ruht in dir, unabhängig von der Erfüllung äußerer Merkmale, wie Vorstellungen, Erwartungen und Ziele.

Geliebt, jetzt! Nicht morgen.
Geliebt, jetzt! Nicht erst, wenn du Bedingungen erfüllt hast.
Liebe, jetzt! In dir. In allem, was ist.
Lass die Forderungen, die du an dich stellst, fallen.
Und wenn du das nicht kannst, kein Problem.
Sei dir bewusst, dass da eine Kraft ist,
Ein Sein, das Liebe selbst ist und keine Bedingungen stellt.
Geliebt bist du, nur weil du bist.
Bedingungslose Liebe – Liebe ohne Bedingung –
Sein ohne Bedingung.
Geliebt, jetzt!

Seid euch der Liebe ohne Bedingungen bewusst. Nimm jetzt wahr, welche Bedingungen du immer wieder an dich stellst. Was glaubst du, erfüllen zu müssen, um in dem BewusstSein unendlicher Liebe zu erwachen? Was glaubst du, erreichen zu müssen? Was glaubst du, fehlt dir? Was glaubst du erfüllen zu müssen, damit du endlich glücklich, geliebt und richtig bist? Welche Bedingung stellst du an dich? Welche Bedingungen an das Geliebtsein? Nimm auch die Erwartungen und Ziele, die du auf die Zukunft richtest, wahr. Überprüfe, ob das nicht nur deine Ansprüche sind, als dass die göttliche Kraft in ihrer unermesslichen Güte und Weisheit etwas von dir fordert. Diese Bedingungen entspringen nur deinen Vorstellungen, um das in aller Deutlichkeit zu sagen. Lasse jetzt zu, dass das BewusstSein der Vollkommenheit und der Liebe ohne Bedingungen sich ausbreitet und deine Aufmerksamkeit bekommt. Auch meine Energie, die präsent ist, während du diese Worte liest, unterstützt dich dabei.

Lass diese Kraft, die in dir ist, aufleuchten. Spüre, wie du Liebe bist, nichts als Liebe! Vollkommenheit, nichts als Vollkommenheit! Nichts fehlt. Keine Bedingungen an dich. Geliebt bist du jetzt, so wie du bist, ohne Wenn und Aber. Die Kraft des AllEinen, unendliche Liebe, IST.

Nimm wahr, wie sie alle Bedingungen und Erwartungen wegspült oder verbrennt. Die Liebe ohne Bedingung ist. Sie muss nicht erlangt werden, und du musst sie nicht suchen. Du musst dich nicht erst vervollständigen und perfektionieren, damit du ihrer würdig bist. Es geht nicht um das Erfüllen von Bedingungen. Dem liegt wieder das BewusstSein des Mangels zu Grunde, zu glauben, dass dir etwas fehlt, was es zu erlangen gilt und dass du nicht vollständig bist. Dir fehlt nichts, und du hast auch nicht die Liebe, das EineSein verloren. Bedingungslose Liebe IST. Sie ist in und mit allem bereits jetzt. Du bist erfüllt von unendlicher Liebe und geliebt, wie du bist. Du bist bereits die Liebe Gottes, unendliche Liebe. Du warst das immer, du wirst es immer sein. Du kannst das nicht verlieren. Die Kraft des Einen ist stärker als alle Bedingungen, die du selber stellst.

Wenn die Erwartungen, die du an dich stellst, wiederkommen, sind sie willkommen. Kein Problem. Sie haben keine Chance, wenn du dir der Liebe, des EinenSeins bewusst bist. Diese Erwartungen sind für die bedingungslose Liebe, das ewige unsterbliche Selbst, keine Bedrohung. Es ist nur die Frage: Wem schenkst du deinen Glauben und deine Aufmerksamkeit? Dem Mangel, oder dem unsterblichen Selbst?

Nimm die Stille wahr, den Frieden, der präsent ist, wenn du keine Bedingung mehr zu erfüllen hast. Lass dich in diesen Frieden fallen, der jeden Zweifel jetzt auf die Art und Weise, die dir angenehm ist, fortspült. Alles fällt von dir ab, und nur Liebe bleibt. Diese Liebe ist so kraftvoll und allgegenwärtig in ihrer Vollkommenheit. Jeden Moment deines Lebens kannst du im BewusstSein bedingungsloser Liebe leben. Nicht nur dann, wenn du dich auf sie ausrichtest, ist sie gegenwärtig. Es ist nur Erinnerung, nur die Bewusstwerdung dessen, was du in Wahrheit bist. Und das ist von keiner Übung abhängig. Das würde ja bedeuten, dass nur wenn du die richtige Übung machst, du des AllEinen bewusst sein kannst. Nein! Allgegenwärtig. Dieses BewusstSein, das AllEine, ist immer und überall. An keinen Ort, an keine Zeit, an keinen Raum, an keine äußeren Formen und Merkmale gebunden.

Liebe ohne Bedingungen.
Sein ohne Bedingungen.

Stellst du vielleicht nicht nur Forderungen an dich, sondern auch an andere? Hast du immer wieder Vorstellungen wie sie sein müssten, damit sie richtig, gesund, oder spirituell wären? Wenn du von den Menschen erwartest, sie müssten anders sein, befindest du dich im Kampf mit ihnen. Du erwartest, dass sie sich verändern, damit sie deinen Vorstellungen entsprechen. Das kann die Vorstellung sein, dass sie nicht so grob, nicht so hart, weniger eigennützig und egoistisch, nicht so gefangen, sondern freier und liebevoller sein sollten. Aber was ist mit deiner Liebe, wenn du von ihnen verlangst, anders sein zu müssen? Wenn du sie spüren lässt, dass sie nicht richtig sind? Du stellst dann Bedingungen an die Liebe. Von anderen erhoffst du dir, dass sie dich lieben, annehmen und sein lassen, wie du bist. Doch du selbst bist im Kampf mit dem natürlichen Sein anderer. Es ist aber nicht meine Absicht, mit erhobenen Zeigefinger zu euch zu sprechen. Vielmehr ist da überfließendes Mitgefühl, unendliche Liebe für eure Menschlichkeit. Genau das möchte ich euch bewusst machen, wie menschlich und gleichzeitig göttlich ihr doch alle seid. Du bist eingeladen, dich und andere anzunehmen, so wie ihr seid.

Das heißt natürlich nicht, unkritisch zu sein und alles gutzuheißen. Wenn du die unermessliche Weisheit in allem erkennst, kannst du nicht mehr auf die altbekannte Art und Weise kämpfen, weder gegen dich, noch gegen andere Menschen. Dann bist du dir bewusst, dass die Vollkommenheit immer ist.

In der dualen Welt wird es immer Veränderungen geben, denn sie ist der Evolution unterworfen. Wie wunderbar! Gleichzeitig ist jeder Moment die Ewigkeit, die Vollkommenheit selbst. Ich lade dich ein, deine Augen zu öffnen für die Vollkommenheit, die bereits jetzt ist. Lass einmal die Möglichkeit zu, dass das, was ist, in jedem Moment vollkommene Göttlichkeit ist. Lass die Möglichkeit zu, dass du in jedem Moment der Vollkommenheit gewahr sein kannst. Stell die Gedanken, die dir vorgaukeln, dass alles anders sein muss, in Frage. Ihr seid daran gewöhnt und damit aufgewachsen, dass erst in der Zukunft alles richtig sein wird. Doch was geschah? Ihr seid niemals angekommen. Es gab und gibt immer wieder neue Ziele und Bedingungen. Das vollkommene Glück bleibt somit in der Zukunft und damit immer unerreicht. Es geht aber nicht um die Zukunft. Frieden, jetzt! Liebe, jetzt! Vollkommenheit, jetzt! – Nicht erst in der Zukunft. – Nicht erst, wenn alle Erwartungen erfüllt sind. Sonst ist es nie gut und nie vollkommen genug. Das Ende ist jetzt. Frieden ist jetzt. Sei in Frieden mit dem, was jetzt ist. Liebe das, was jetzt ist. Es ist eine Liebe ohne Anstrengung, vielmehr in Liebe zu sein, in Frieden zu sein. So, wie es ist, ist es willkommen. So wie du jetzt bist, bist du willkommen. Geliebt, nur weil du bist, in deiner Einzigartigkeit, in deiner scheinbaren Unvollkommenheit.

Du kannst jetzt, nachdem du vorhin die Erwartungen, die du an dich stellst, beleuchtet hast, auch noch in einer inneren Reise, in einer Meditation oder in einem kurzen Innehalten wahrnehmen, welche Erwartungen du an die Menschen um dich herum hast. Nimm wahr, wer erscheint, wer es ist. Ist es dein Mann, deine Frau, dein Freund, deine Freundin, deine Mutter, dein Vater, deine Kinder, dein Chef, deine Freunde, deine Bekannten, deine Nachbarn, oder Politiker? An wen stellst du Bedingungen? Von welchen Menschen erwartest du, dass sie anders sein müssen? Mit wem bist du im Kampf?

Vielleicht ist Kampf für dich ein zu starkes Wort. Doch in dem Moment, in dem du von ihnen erwartest, dass sie anders sein müssten, damit du glücklich sein kannst, bist du im Kampf. So, wie sie sind, sind sie nicht richtig und sollten so sein, wie du es dir vorstellst. Was ist das anderes als der Vorwurf, dass es dir besser gehen würde, wenn sie so wären, wie du es von ihnen erwartest? Sie sollen sich deiner Vorstellung anpassen, damit du glücklich sein kannst. Glaubst du wirklich, dass das stimmt? Ist dann vollkommenes Glück gegeben, wenn ihr alle perfekt seid? Wie sieht denn der perfekte Mensch aus? Und wer soll die allgemein gültige Messlatte ansetzen?

Das Problem sind immer wieder nur deine Vorstellungen und Erwartungen.

Das Problem ist nicht eure „menschliche Unvollkommenheit", sondern dass du dein Glück von der Erfüllung deiner Erwartungen abhängig machst. Wenn du glaubst, dass du, die Welt und andere Menschen anders sein müssten, damit du in Frieden und glücklich sein kannst, irrst du. Halt inne. Nimm die Spannung, den Unfrieden wahr, der entsteht, wenn das, was ist, nie gut genug ist. Glaubst du wirklich, dass dein Glück davon abhängig ist, dass alles so perfekt ist wie in deinen Vorstellungen? Hast du nicht oft genug erfahren, wie schnell auch deine Erwartungen sich verändern? Wann ist es dann jemals richtig? Ich sage dir, nie!

Was ist es dann anderes als ein lebenslanger Kampf, nicht zuletzt auch mit „Gott". Es ist, als wolltet ihr zu Gott sagen: „Kannst du nicht einmal die Welt so perfekt machen, dass ich glücklich bin? Ich weiß besser, wie die Welt und mein Leben sein sollten. Dir unterlaufen doch ständig Fehler. Warum hast du die Menschen und die Welt so unvollkommen geschaffen? Wenn wir uns genug anstrengen und bessere Menschen werden, können wir diesen Fehler ausgleichen."

Einzig du selbst kannst aus mangelnder Demut und Bewusstheit die Vollkommenheit nicht erkennen. Das sind eure alltäglichen inneren Kämpfe. Du brauchst gar nicht so weit suchen. Beende deinen Kampf mit dem Leben, mit dir, den Menschen und „Gott" und schenke den Erwartungen, die du an deinen Frieden knüpfst, keinen Glauben mehr.

Vollkommenheit, Frieden und Liebe stellen sich nicht erst ein, wenn die Umstände deinen Vorstellungen entsprechend sind. Darauf warten sie gar nicht. Daran haben sie überhaupt kein Interesse. Frieden und Liebe sind einfach präsent. Sie kennen keine Bedingungen. Gib den Kampf gegen dich, die Menschen und die Welt auf. Mach deinen Frieden von nichts abhängig. Spür jetzt die Vollkommenheit, die ist. Dann lösen sich die Erwartungen an „Gott und die Welt" auf. Richte deine Aufmerksamkeit jetzt auf das ewige unsterbliche BewusstSein, auf das vollkommene Sein, das du bereits bist.

Wenn du dir dessen nicht gewahr bist, kannst du auch mich oder andere geistige Wesenheiten um Hilfe bitten, um es deutlicher vernehmen zu können. Ich bin bei dir. Sie ist bei dir, in dir – die Kraft des Einen Christus. Du bist in Frieden mit der Welt. Es kehrt Stille ein, – wahrer Frieden ist. Bist du nicht der Kämpfe müde, mit dir und dem Leben? Sehnst du dich nicht danach, dich fallen zu lassen? Sehnst du dich nicht danach, aus dem DaSein zu leben? Sehnst du dich nicht danach, diese Kämpfe aufzugeben? Denn egal, wie sehr du kämpfst, kannst du Veränderungen bei anderen nicht erzwingen. Natürlich kannst du etwas zur Veränderung, zu dem Frieden in dieser Welt beitragen und auch konkret etwas dafür tun. Keine Frage. Aber du kannst das Leben nicht so steuern und die Menschen nicht so verändern, wie du es willst. Gott sei Dank ist eure „persönliche Macht" nicht so stark. Du stößt mit dieser „persönlichen Macht" immer wieder an Grenzen und spürst deine Hilflosigkeit.

Du spürst auch, dass du die Menschen nicht retten kannst. Du kannst dein Kind nicht dazu zwingen ausgeglichener zu sein; kannst deinen Mann nicht zwingen, mehr zu reden. Du kannst die Abhängigkeit eines Menschen in deiner Nähe, der süchtig ist, nicht einfach auflösen. Natürlich kannst du unterstützen, helfen und einfach da sein.

Aber deinem persönlichen Willen sind Grenzen gesetzt. Egal wie sehr du dich bemühst, du kannst diesen Kampf nicht gewinnen. Dein Frieden ist nicht davon abhängig, dass sich die Menschen so verhalten und dein Leben sich so gestaltet, wie du es erwartest. Es ist unabhängig und frei. Es *ist*. Atme. Atme tief ein und atme tief aus. Nimm wahr, wie die Vollkommenheit ist in deinem Leben.

Öffne dich dem BewusstSein unendlicher Liebe
tiefe Dankbarkeit für das, was ist,
für dein Leben, – für die Einzigartigkeit,
die Schönheit, die du bist.
Verneige dich vor der vollkommenen Göttlichkeit,
vor der Vollkommenheit in allem, was ist; -
Verneige dich vor dir, so wie du jetzt bist.
Verneige dich vor deinem Leben, so wie es jetzt ist.
Vor den Menschen, vor der Welt, so wie sie jetzt sind.
Frieden, jetzt! Frieden mit dem Leben, Frieden mit dir.
Frieden mit allem, was ist.
Liebe mit dir. Liebe in dir.
Liebe in und mit den anderen.
Liebe in allem, was ist.

Das ist das Ende vom Krieg, wenn du der Menschlichkeit mit Liebe und Mitgefühl begegnest.

Was für eine unglaubliche Strenge und was für vernichtende Urteile oft in euch leben. Da sind in euch manchmal äußerst strenge Diktatoren, die mit aller Vehemenz ihre Vorstellung von der Welt verwirklichen wollen. Manchmal sieht es in euch auch nicht viel anders aus als bei den Diktatoren gewisser Länder. Grüße den Diktator, den unerbittlichen Teil in dir, der hart über das Leben urteilt. Grüße den Feldwebel, der dich und andere kommandieren, beherrschen und ihnen seine Vorstellungen aufzwingen will, auch wenn es immer nur mit den besten Absichten zu geschehen scheint. Willkommen Diktator! Willkommen Strenge in dir! Sieh ihnen in die Augen. Nichts ist daran falsch. Du musst dich dafür nicht schämen, das nicht verurteilen. Liebe – für die Strenge. Liebe – für den Diktator. Alles ist Ausdruck göttlichen Seins.

Sieh, alles ist in dir, und alles ist willkommen. Sieh hinter allem die Liebe, die Quelle. Nur Liebe, die Bewusstheit des EinenSeins, bringt Frieden. Du sehnst dich doch danach, jetzt glücklich zu sein, jetzt in Frieden, jetzt in Liebe zu sein?! Dann sei jetzt in Frieden!

Wenn du in Frieden bist, liebst du die Welt und die Menschen einfach. Es können umwälzende Veränderungen geschehen, aber sie geschehen ohne Zwang und ohne Kampf. Ruhst du in Liebe und Frieden, bist du frei und kannst auch andere frei sein lassen. Du willst nichts mehr von ihnen. Du erwartest kein bestimmtes Verhalten mehr von ihnen. Du bist frei, frei im Frieden, frei in der Liebe.

Alle Erwartungen an dich und an das Leben sind jetzt gegangen. Erfüllt von Liebe, vom GewahrSein der Vollkommenheit bist du jetzt mit jeder Zelle deines Seins. Du bist dieser Frieden, diese Liebe ohne Bedingungen. Geliebt, nur weil du bist. Liebe einfach ohne Bedingung. *Sei* einfach ohne Bedingung.

☆☆☆☆☆

Toleranz

Alles Sein entspringt der Einen Quelle, die sich in vielfältigen Formen ausdrückt. Kampf und Krieg sind oft deshalb entstanden, weil verschiedene Lebensarten und Ansichten nicht in ihrer Vielfalt akzeptiert wurden, sondern die Überzeugung galt, dass nur eine einzige Sichtweise richtig ist. Die unterschiedlichen Ausdrucksformen erfüllen in ihrer Vielfältigkeit ihren Zweck. Es ist ein ausgewogenes System, in dem gerade durch die Vielseitigkeit in der dualen Welt ein sensibles Gleichgewicht gegeben ist. Es geht nicht darum, bestimmte Lebensweisen als einzig richtig zu erachten, sondern es geht darum, die Vielfalt und Unterschiedlichkeit zuzulassen. Es gibt nicht „das Richtige" für alle. Es ist oft schon schwer für euch, klar und deutlich wahrzunehmen, was euch entspricht. Woher willst du dann wissen, was für alle anderen richtig ist? Woher willst du wissen, dass deine Art zu denken und die Welt zu betrachten für alle gelten muss? Du hast doch genug damit zu tun, mit deinem Leben in Frieden zu sein. Wie schwer ist es manchmal für dich, glücklich zu sein?

Wie kannst du dann wissen, wie die ganze Welt glücklich wäre?

Wie oft kannst du deine eigenen Erwartungen nicht erfüllen?

Es liegt eine Weisheit darin, dass die Welt so ist, wie sie ist. Wer sagt denn, was die *richtige* Religion, die *richtige* Einstellung, die *richtige* Lebensform für alle ist? Das ist so individuell. Auch für dich, der oder die du vielleicht in einem esoterischen und spirituellen Kontext lebst und denkst, ist es wichtig zu sehen, dass alle spirituellen Sichtweisen, einschließlich deiner eigenen, auch nur Ausschnitte sind. Es geht um Weite und um Toleranz. Toleranz können wir nicht erzwingen.

Es geht auch um die Akzeptanz dessen, dass manche Menschen eben alles andere als tolerant sind. Wenn ihr von den Menschen erwartet, dass sie tolerant sein müssen, wo ist dann eure Toleranz dafür, dass sie es nun einmal nicht sind? Menschen sind mal tolerant, mal nicht! Sei damit in Frieden.

Selbst wenn ich dich hier aufrufe, die Unterschiedlichkeit anzunehmen und dir der gemeinsamen Essenz hinter und in allem bewusst zu sein, verlange ich nichts von dir. Da ist tiefe Liebe für dich, ob du tolerant bist oder nicht, ob du in Frieden bist oder nicht. Du bist immer willkommen, egal wie verstrickt, wie gefangen du gerade bist. Wisse jedoch, deine Vorstellungen sind immer begrenzt, und sollte die Welt so sein, wie du es dir vorstellst, dann wäre sie so. Vollkommene Göttlichkeit und Weisheit sind in allem, was ist.

Ich spreche zu euch, weil ihr für mich sehr bedeutsam und Boten des Friedens seid. Dazu ist es jedoch wichtig, auch die Enge spiritueller Vorstellungen und auch esoterischer Glaubenssysteme aufzudecken und euch bewusst zu machen. Erwartest du von den Menschen, dass sie menschlicher und liebevoller sein und die feinstoffliche Welt, sowie Wiedergeburt und Karma anerkennen sollten? Erwartest du, dass sie kein Fleisch mehr essen und nicht rauchen sollten? Erwartest du, dass sie weniger macht- und geldorientiert sein und keine schlechten Schwingungen erzeugen sollten? Was ist das anderes, als dass du dich in etwas einmischt, das dich nichts angeht. Du glaubst zwar, den anderen etwas Gutes zu bringen, aber das glauben viele Diktatoren und Glaubenskrieger auch. Selbst wenn in einigen deiner Impulse und Sichtweisen Wahrheit liegt, ist deine Denkweise auch nicht allumfassend. Jede Art von Denken ist begrenzt. Einzig und allein unendliches ewiges BewusstSein, die Liebe deines Herzens, bringt Freiheit. In Liebe zu sein mit dem, was ist, bringt Frieden.

Grundlage für Toleranz ist die tiefe innere Bewusstheit, dass alle Ausdrucksformen der vollkommenen Göttlichkeit entspringen.

Deine begrenzten Vorstellungen können die vollkommene Weisheit, die allem zugrunde liegt, niemals erfassen. Toleranz beinhaltet auch die Demut, im positivsten Sinne des Wortes, zu erkennen, dass du nicht wissen kannst, wie die Welt richtig ist. Es gibt den bekannten Satz und Ausspruch: Ich weiß, dass ich nichts weiß. Und das trifft genau den Punkt. Je höher deine Bewusstheit wird, desto eher erkennst du, wie beschränkt alle Vorstellungen, alles scheinbares Wissen ist. Gib dich voller Vertrauen dem „größeren Ganzen" hin. Unsterbliches BewusstSein lenkt in wunderbarer Vollkommenheit die Geschicke der Welt. Deine begrenzte Vorstellungskraft kann das niemals bis ins Detail verstehen. Es ist nicht zu begreifen. Es ist zu finden in deinem Herzen, in jeder Zelle deines Seins, als Bewusstheit.

Jede Erklärung hat ihre Beschränkung. Das heißt nicht, dass ihr euch nicht über Erklärungen und Bilder verständigen könnt. Ihr lebt nun einmal in der Welt der Form. Sei dir nur bewusst, dass das, was du denkst und dir vorstellst, nicht die einzige Wahrheit ist. Die einzige Wahrheit ist ewiges unsterbliches BewusstSein, das Nichts, bedingungslose Liebe, Gott. Aber es ist ohne Worte. Es ist das, was ist und bleibt, wenn alle Formen sich in der Unendlichkeit auflösen. Form und Nichtform vereinigen sich zu einem einzigen BewusstSein. Aber alles, was in eurer Dimension als die einzig richtige Sichtweise und die einzige Wahrheit zu gelten scheint, ist in Frage zu stellen. Sei dir bewusst, dass die Menschen, die du abwertest und deren Lebensweise du verurteilst, auch ihre DaSeins-Berechtigung haben. Toleranz für die Vielfalt, für die Andersartigkeit.

Vielen, die dieses Buch lesen, sind die Feinstofflichkeit, die Welten der Harmonien sehr vertraut. Und wie oft urteilt ihr über Menschen, „mit niedrigerem BewusstSein", die nach eurer Meinung verdichtet und stark in der Materie verhaftet sind und nicht so weit entwickelt wie ihr. Sie scheinen „junge Seelen" zu sein.

Woher weißt du denn, dass es alte und junge Seelen gibt? Woher weißt du, dass das wirklich stimmt? Woher weißt du, dass sie in ihrer Entwicklung rückständig sind? Alle Erklärungen, auch die, die mit Karma zu tun haben, sind Begrenzungen und nur Erklärungsmodelle. Ob du an Karma und an Wiedergeburt oder nur an dieses Leben, an nichts oder was auch immer glaubst, – was bleibt ist das Namenlose, unabhängig von äußeren Formen. Ich sage euch, dass jede Vorstellung, ob esoterisch, spirituell, christlich, islamisch, hinduistisch oder buddhistisch, beschränkt ist, dass nichts, auch keine dieser Erklärungsformen, einschließlich meiner eigenen, die absolute Wahrheit widerspiegeln kann. Es sind nur Worte. Es sind „Annäherungsversuche".

Da ich weiß, dass einige von euch wahre Freigeister sind, traue ich euch zu, auch eure Vorstellung von Spiritualität, von Wiedergeburt, von feinstofflichen Wesen als Möglichkeit zu sehen und nicht als die allerletzte Wahrheit. Nichts von dem ist die absolute Wahrheit, sie ist jenseits von Form.

Erkenne, dass in der Abwertung von Grobstofflichkeit und Disharmonien auch Intoleranz liegt. Du kennst doch den Schmerz, wenn die „gröberen Menschen" dich mit deiner „Feinheit", mit deinem Zugang zu feinstofflichen Welten, belächeln und in Frage stellen. Auch sie denken, dass du auf dem falschen Weg bist und doch endlich auf dem Boden der Tatsachen ankommen solltest. Lass also auch sie so sein, wie sie sind. Manchmal haben sie sogar „Recht".

Komm in der Realität an! Die Welt ist, wie sie ist. Die Toleranz und die Liebe, die du für deine Andersartigkeit von ihnen erwartest, – schenke sie ihnen selbst. Auch sie fühlen sich manchmal in Frage gestellt und abgewertet. Du befreist dich, wenn du sie so sein lässt, wie sie sind. Schau einmal neugierig und offen hin, welche Schönheit auch ihre Art zu sein in sich trägt. Sieh sie nicht als Bedrohung. Sieh sie als Bereicherung, als Hilfe zur Erkenntnis.

Ist es nicht wundervoll, was „Gottes Schöpfung" alles hervorbringt? Die Menschen wollen dir nichts. Sie sind genauso unsicher, sie haben genauso Angst wie du. Sie sind nicht da, um dich zu ärgern. Sie glauben genau wie du manchmal daran, dass etwas nur so und nicht anders sein darf, und sie fühlen sich manchmal genau wie du in ihrer Einzigartigkeit bedroht. Vielfalt und Andersartigkeit ergänzen sich, und aus den einzelnen Puzzleteilen formt sich ein wundervolles Ganzes. Manches Mal empfindest du es nur dann als Bedrohung, weil du deine wahre Stärke und Freiheit in dir noch nicht gefunden hast.

Andere Menschen müssen nicht so werden wie du, und du nicht wie sie. Erkennt die Schönheit vielfältiger menschlicher Ausdrucksformen an. Was glaubt ihr, warum sie existieren? Ist „Gott" ein Fehler unterlaufen? Ich glaube nicht.

Spüre hier und jetzt die Freiheit, die darin liegt, dass du nicht so sein musst wie andere, und sie nicht wie du. Sie sind nicht da, um deine Erwartungen zu erfüllen, und du bist nicht da, um ihre zu erfüllen. Spüre die unendliche Freiheit, die darin liegt, dass du willkommen bist, so wie du bist. Ihr könnt zwar an euren individuellen Charakterprägungen etwas feilen, euch aber nicht total umkrempeln. Selbst in allerhöchster Bewusstheit, in der Erkenntnis des AllEinen, in der Erleuchtung, bleiben persönliche Prägungen und Eigenarten bestehen. Bestimmte Charaktereigenschaften und Ausprägungen verschwinden nicht. Der Körper verformt sich ja auch nicht, wird nicht plötzlich vom Mann zur Frau. Ein Mensch mit einer durchscheinenden

Erscheinungsform bekommt nicht plötzlich eine grobstofflichere oder umgekehrt.

Natürlich gibt es Schwingungsveränderungen. Aber Grundausdruck und Grundenergie sind in individueller Art und Weise gegeben. Ihr lebt in der Form, und es gibt nun einmal viele und unterschiedliche Formen. Hinter den verschiedenen Ausdrucksformen ist die Essenz von euch allen gleich. Das ist das Allgemeingültige, das Absolute, nach dem ihr oft verzweifelt sucht. Ihr wisst, dass es etwas gibt, das für alle gilt. Das ist die Essenz, das EineSein. Das ist aber auch alles.

Im Übrigen müsst ihr begreifen, dass es in der Dualität, in dem Leben auf Erden, nichts Allgemeingültiges gibt. Anstatt Vielfalt und Unterschiedlichkeit gleich machen und eine harmonische Welt erzwingen zu wollen, nimm sie in Liebe an.

Für mich ist es reine Freude, diese unterschiedlichen Arten von Ausdruck in eurer Welt zu sehen. Sind sie nicht ein geniales Werk, die unterschiedlichen Erscheinungsformen? Nichts ist wie das andere und dahinter ist doch alles gleich, das EineSein, dieselbe Quelle. Warum müssen Andersartigkeit und Unterschiedlichkeit denn eine Bedrohung sein? Alles Leben will einfach in Frieden nebeneinander existieren. Dazu ist es geboren, dazu stirbt es. Hinter und in der Vielfalt der Formen, die kommen und gehen, ist und bleibt das Namenlose. Das ist die gemeinsame Essenz. Aber in der menschlichen Form soll nicht alles auf eine homogene Masse reduziert werden. Sieh die Schönheit in der Vielfalt auch in dem, was du abwertest und was dir vielleicht zu grobstofflich ist. Wie wäre es damit, die Materie, die Verdichtung und manche Menschen in ihrer Grobstofflichkeit nicht als Bedrohung, sondern mit Wohlwollen und Liebe zu betrachten. Wenn du dich in deinem Sein, in deiner Individualität bedroht fühlst, geht es nicht um den anderen.

Das heißt nur, dass du selbst dir nicht des ewigen unsterblichen Selbst bewusst bist und nicht in dir ruhst. Die Essenz kann dir nicht genommen werden. Es ist ewiges, unvergängliches Selbst. Nur das vergängliche Selbst kommt und geht. Es entspringt zwar dem ewigen Selbst, doch nur ewiges Selbst ist und bleibt, jenseits von Zeit und Raum. Begreife: Es will dich niemand bedrohen, es kann dich niemand bedrohen. Niemand kann das, was du in Wahrheit bist, zerstören. Ihr identifiziert euch viel zu sehr mit eurem Körper und euren Geschichten, mit all dem, was vergänglich ist. Dabei seid ihr das ewige unsterbliche Selbst. Da ihr euch so mit Vergänglichem identifiziert habt, hat jeder immer etwas zu verteidigen. Jeder fühlt sich bedroht und hat Angst, dass das Vergängliche, seine Identifizierungen, Geschichten und auch der Körper, ihm genommen werden könnte. Wenn dir dein Körper genommen werden kann, beziehungsweise dein Körper sterben kann, bedeutet das logischerweise, dass es nur ein einzelner vorübergehender Aspekt von dir sein kann. Wie kannst du der Körper sein, wenn er „dir" genommen werden und sterben kann? Da ist und bleibt noch etwas anderes als der Körper!

Aber wer bist du, wenn nicht der Körper und auch nicht

deine Identifizierungen? Euer Leben, euer Körper, eure Gedanken und Gefühle sind vergänglich. Sie werden geboren und ganz sicher, sie sterben. Wenn ihr an den vergänglichen Dingen festhaltet und damit identifiziert seid, fühlt ihr euch verständlicherweise immer wieder bedroht und habt zu kämpfen. Die Bedrohung hört erst dann auf, wenn du dir des Ewigen bewusst bist. Wenn du spürst, dass der Christus, die Seele, ewiges unsterbliches BewusstSein, Gott, wie immer du es nennst, in dir ist, – du das Selbst bist. Ewiges unsterbliches Selbst wird nicht geboren und stirbt nicht. Wenn dein Körper getötet wird, bleibt ewiges unsterbliches Sein. Wenn du einen neuen Körper annimmst, bleibt ewiges unsterbliches Selbst. Wenn du keinen neuen Körper annimmst, bleibt ewiges unsterbliches Selbst. Kein Unterschied für das Ewige. Spüre jetzt das unsterbliche Sein und dass die Welt nicht dein Feind ist. Du machst sie nur zu deinem Feind, wenn du glaubst, dass Grobstofflichkeit und Disharmonien die Macht haben, deinen Frieden zu stören. Sie können es gar nicht, es sei denn, du gibst ihnen die Macht dazu. Es sei denn, du glaubst, dass etwas mächtiger ist als ewiges unsterbliches Selbst. Sie können dich alle nicht wirklich bedrohen. Sie haben selbst Angst, der Vergänglichkeit in die Augen zu schauen und sich dem Nichts zu stellen.

Auch Krieg geschieht fast immer aus Angst, selbst wenn im Vordergrund eine Demonstration angeblicher Stärke zu stehen scheint. Immer mehr Macht haben zu wollen, kann auch begründet sein in der Angst davor, selbst überrollt zu werden und nicht genug zu bekommen, und in der Angst vor Machtverlust. Auch die Angst vor der Vergänglichkeit, die Angst, nichts und niemand und eines Tages ausgelöscht zu sein, lässt Menschen oft nach noch mehr Macht streben, oft begleitet von dem Wunsch, bedeutsam zu sein und Spuren hinterlassen zu wollen.

Tief in euch wisst ihr, dass alles vergänglich ist. Euer Körper, eure Namen und Geschichten sind vergänglich und verschwinden eines Tages im Nichts. Ihr habt so viel Angst vor dem Nichts, vor der Auflösung, davor, nicht unvergesslich zu sein. Deshalb will die eigene Bedeutsamkeit gesucht und bewiesen werden. All das führt zu nichts anderem als zu Schmerz und Leid. Menschliche Angst vor dem Nichts, Angst vor der Hingabe an das Göttliche, an unsterbliches BewusstSein. Natürlich seid ihr auch einzigartig, jeder auf seine Art und Weise etwas Besonderes. Aber dann bleibt nichts als ewiges unsterbliches Bewusst-Sein.

Es ist manchmal bei Politikern und den Mächtigen dieser Welt zu beobachten, dass es ihnen oft nur um persönliche Macht geht und darum, Spuren zu hinterlassen. Das trifft aber, was ich ausdrücklich betonen möchte, nicht auf alle zu. Angst, Unwissenheit und mangelnde Bewusstheit sind sehr menschlich.

Diese Dynamik gibt es auch in dir. Vielleicht nicht in diesem sichtbaren Ausmaß. Aber kennst du nicht auch die Angst vor der Vergänglichkeit? Kennst du nicht auch den Wunsch, bedeutsam zu sein und gesehen zu werden? Kennst du nicht auch den Wunsch, dich an etwas Absolutem festhalten zu können, dem sich alle anderen beugen?

Kennst du nicht auch die Erwartung, dass sich die Menschen und das Leben deinen Vorstellungen entsprechend formen und verhalten sollten? Willst du nicht auch manchmal besser und weiterentwickelter als andere sein und dich von ihnen abheben?

Frieden aber ist, wenn du dich selbst nicht mehr so ernst nimmst und dir der Begrenzung deines Denkens und Fühlens bewusst bist. Wenn du wirklich weißt, dass du nichts weißt. Frieden ist in dem GewahrSein dessen, was alle Grenzen sprengt und in allem enthalten ist, in dem AllEinen.

Ich weiß, dass ich nichts weiß.

Es gibt Gesellschaftssysteme, die der Toleranz, der Freiheit näher kommen als andere. Manchmal scheint auch nur die eine Verpackung toleranter zu sein, und beiden liegt dieselbe Enge und Unfreiheit zu Grunde. Es geht weniger um die äußere Verpackung, weniger um die richtige Philosophie oder Religion, als vielmehr um die Motivation dahinter. Es gibt Systeme, die Freiheit propagieren, die sich Toleranz auf ihre Fahne geschrieben haben und dennoch intolerant sind und keine Freiheit bringen. Hier ist Unterscheidungsvermögen gefragt.

Es gibt Systeme mit scheinbar mehr Autorität und Strenge, deren Bestreben jedoch Freiheit und deren Motivation Liebe ist. Lasst euch also nicht zu sehr von den äußeren Formen und euren eigenen Vorstellungen blenden. Es geht nicht um das Äußere, sondern um die Motivation, um Wahrhaftigkeit und um die Liebe, die eurem Herzen entspringt. Es gibt „Anführer" in sehr hierarchischen Strukturen, denen das Wohl der Menschen, die ihnen anvertraut sind, sehr am Herzen liegt. Und dann gibt es Systeme, die sehr frei zu sein scheinen, die aber eigentlich von Unfreiheit, Enge und Manipulation geprägt sind. Ich werde an dieser Stelle nicht näher auf bestimmte Länder und deren Repräsentanten eingehen. Und das hat folgenden Grund: Dieses Projekt, dieses Buch, ist ausgerichtet, wahren Frieden, wahre Freiheit bringen zu wollen. Es führt zu nichts, mit dem Finger auf die „Bösen", Egoistischen, Macht- und Geldgierigen zu zeigen.

Der Frieden dieser Welt, ist nicht nur von diesen Mächtigen abhängig, sondern vor allem auch von jedem Einzelnen von euch und seinem BewusstSein. Und so ist unter anderem auch meine „Arbeit", das Potenzial des Friedens, das in euch allen ist, zu erwecken. Einige würden hier lieber Urteile, Einschätzungen und Erklärungen über das, was momentan in eurer Welt im Hinblick auf Krieg und Frieden geschieht, von einer höheren Warte hören und hinter die Kulissen schauen. Ihr spürt ja selbst, dass einiges nicht das ist, was es zu sein scheint. Ihr spürt doch, dass manches, was vorgegeben wird, nur Propaganda ist. Aber genauso gibt es Menschen, auch einige Mächtige in den Regierungsspitzen, die sich wirklich für den Frieden einsetzen. Aber auf all das möchte ich nicht näher eingehen, weil meine Ausrichtung hier eine andere ist.

Ich setze da an, wo wirklicher Weltfrieden beginnt. Weltfrieden ist nicht von den „Bösen da oben" abhängig. Sie sind genauso menschlich wie du, nicht besser und nicht schlechter, einfach nur menschlich. Ich setze bei dir an. Wenn jeder Einzelne von euch in sich Frieden findet und seine Intoleranz, seine Kriege und Kämpfe überwindet, dann sind Freiheit und wahrer Frieden möglich. Das ist eure Chance. Was in der Welt geschieht, wird nicht nur von einzelnen Mächtigen bestimmt. Wenn andere Personen an deren Stelle treten würden, würde auf die eine oder andere Art wieder dasselbe geschehen. Ihr seid nicht getrennt. Es ist ein Spiegel. „Die Mächtigen da oben" sind auch ein Teil von dir, sie spiegeln auch Dynamiken und Energien in dir wider. Sieh dir an, wie verwirrt sie sind, wenn sie nur danach streben, ihre Macht zu erhalten. Sieh ihre Angst und ihre Unwissenheit. Es bringt nichts, über andere zu schimpfen und mit ihnen zu kämpfen. Bringe Frieden in dein eigenes Leben. Das heißt nicht, dass du alle mögen und umarmen musst und dir nicht manche Menschen mit ihrer Lebensart fremd sein können. Das heißt auch nicht, dass ihre Lebensart zu deiner werden und du etwas davon annehmen musst. Es heißt nur, das zu lieben und anzunehmen, was ist. Das Lieben und Annehmen schließt auch ein, In-FriedenSein mit dem, was ist. Es ist eine viel stillere, neutralere Form als eine leidenschaftliche Liebe. Es heißt, zu akzeptieren, dass es Andersartigkeit gibt.

Kennst du die Angst, dass dir deine Art und Weise, zu sein, genommen und deine Berechtigung in Frage gestellt werden könnte? Wie oft hast du dich in deiner Individualität, in deiner Einzigartigkeit bedroht gefühlt? Du bist willkommen. Beginne, dich selbst, so wie du bist, willkommen zu heißen. Willkommen bist du mit deiner einzigartigen, individuellen Art und Weise. Willkommen sei der individuelle Ausdruck aller Menschen. Mit wem du zusammen sein und deine Zeit verbringen möchtest, ist dir frei gestellt. Aber lass sie, lass dich, lasst euch so sein, wie ihr seid. Frieden ist, wenn ihr euch alle In-FriedenSein lassen könnt.

Schau dir neugierig wie ein Kind diese Welt an. Was du abstoßend findest, musst du nicht plötzlich supertoll finden. Lass einfach im Raum stehen, dass auch das seine Berechtigung hat. Die Weite deines Herzens ruft dich, Abwertungen und Urteile in Frage zu stellen. Wie die Dinge sind, ob gut oder schlecht, ist nur dein Urteil. Sie sind einfach.

Du bist. Sie sind. Das ist alles. Viele von euch, die dieses Buch lesen, sind aufgefordert, Frieden zu schließen mit der Verdichtung und dem DaSein hier auf Erden, mit der Welt so, wie sie ist. Stelle deine Urteile in Frage.

Zu urteilen ist menschlich, kein Grund für Schuldgefühle. Wenn Menschen ihre Weltanschauung anderen aufzudrängen versuchen, merkt ihr das in der Regel. Aber in subtiler Art und Weise geschieht das oft auch im Kontakt mit dem Partner, den Kindern, Eltern, Geschwistern, Freunden oder Vorgesetzten. Es gibt diesen unbeirrbaren, rechthaberischen Anteil in dir, ob es dir offensichtlich ist oder nicht. Ich sage auch nicht, dass du nicht urteilen, nicht rechthaberisch und wütend sein darfst und immer tolerant sein musst. Nein. Absolut nicht. – Das ist nicht das Ziel. Es gibt kein Ziel. Keine Bedingung an dich. Immer wieder: Du bist willkommen. Du bist geliebt so, wie du bist, und das bereits jetzt!

Manche spirituell und esoterisch ausgerichtete Menschen haben es sich zum Motto gemacht, nicht urteilen zu dürfen. Sie fühlen sich schlecht, weil sie über andere Menschen reden. Ihr lebt aber mit anderen und redet über sie. Sie sind Bestandteil eures Lebens, was ist daran falsch? Es ist nichts dagegen einzuwenden, dass ihr unterscheidet und eure Eindrücke mitteilt. Kein neues Dogma, das ich euch hier mitgeben möchte. Ich fordere dich nicht auf, immer tolerant sein zu müssen und niemals urteilen zu dürfen. Das erzeugt nur Gefühle von Schuld.

Es geht um die Liebe zur Menschlichkeit. Es gibt eine Unschuld in eurer Menschlichkeit, in eurer Hilflosigkeit und in eurer Angst. Vernimm die Liebe zu allen Menschen, auch zu denen, die Krieg zu bringen scheinen. Sie wissen es wirklich nicht besser. Und selbst wenn sie es absichtlich tun, ihnen fehlt die Bewusstheit der Liebe. Sie können nicht anders. Das ist keine „Entschuldigung", nur Liebe für das, was ist. Einzig Unbewusstheit und das Gefangensein in Angst und Illusionen begleiten so manchen, der Unheil bringt. Könnt ihr euch an einen überlieferten Ausspruch von Jesus dem Christus erinnern: „Herr, vergib ihnen, denn sie wissen nicht, was sie tun."?

Das ist das zentrale Thema, das ich euch bewusst machen möchte. Nur Liebe hilft, nur Liebe heilt. Es ist nur Unschuld und mangelnde Bewusstheit, selbst wenn Handlungen aus voller Berechnung und Bösartigkeit geschehen. Ihr seid dann wie abgetrennt von Liebe und Mitgefühl. Je bewusster aber du wirst, desto mehr wirst du dir auch der Liebe bewusst. Du bist in Frieden auch mit der Unwissenheit und mit der Verwirrung. Dein Herz ist offen für jene, die verwirrt und verirrt zu sein scheinen. Du fühlst dich nicht mehr von ihnen bedroht. Es macht keinen Sinn, deinen ganzen Ärger gegen sie zu richten. Liebe auch den unbewussten, verwirrten, verirrten Anteil in dir. Du wusstest und weißt vieles selbst nicht besser. Nur durch Liebe werden die Illusionen durchtrennt und fallen die Schleier. Nur durch Liebe geschieht Erinnerung an ewiges unsterbliches Sein. Wo ist dein Mitgefühl, deine Liebe?

Jedes Mal, wenn du mit dem Finger auf andere zeigst und sie vernichtend kritisierst, schau auf dich. Dieselbe Dynamik, die du kritisierst, lebt in dir. Dann wirst du still und demütig. Es ist keine Demut, die aus Schuld und Unterwerfung geschieht, sondern aus einer natürliche Hingabe, Mitgefühl von Herz zu Herz. Du bist ein Teil des Ganzen, einmalig und einzigartig, und doch die Quelle allen Seins selbst. Feiere und genieße die Unterschiedlichkeit, ohne sie zu forcieren oder zu unterdrücken. Lass dich in deiner Einzigartigkeit und die anderen in der ihren sein. Wenn du nach dem suchst, was für alle gilt, wirst du es an der Oberfläche der Dualität nicht finden. Dazu musst du hinter die Dinge schauen, deine Aufmerksamkeit auf das Ewige richten, die Quelle allen Seins.

Akzeptiere, dass die Dualität den Gesetzen der Dualität folgt. Sie braucht die Pole, sonst würde es die Erscheinungen nicht geben, die ihr für die Erfahrung auf Erden und eure Bewusstwerdung braucht. Daran kannst du nichts drehen. Das kannst du nicht zu einem Einheitsbrei verkochen. Wenn die Quelle allen Seins dein Sehnen ist, dann sieh hinter die Dinge und erkenne das, was nichts mit der Welt der Veränderungen und der Erscheinungen zu tun hat.

Ich segne euch hier und jetzt mit den Worten:

Das Leben heißt dich, individueller Ausdruck der Quelle allen Seins, willkommen. Alle Formen sind willkommen. Sie haben ihre Weisheit, ihre Berechtigung. Alle Systeme, alle Vorstellungen von der richtigen Lebens- und Glaubensweise sind in Frage gestellt. Antworten und unendliche Weisheit liegen einzig in der Kraft der Liebe. Lass die Angst los, dass die Welt dir

nicht wohlgesonnen ist und deinen Ausdruck zerstören will. Ich segne euch alle in eurer Einzigartigkeit. Frieden ist mit dir. EinSein, inmitten aller Unterschiedlichkeit. Kein Besser, kein Schlechter, kein Oben, kein Unten. EinSein, ohne Anfang, ohne Ende, jetzt und in alle Ewigkeit. Amen.

☆☆☆☆☆

Sehnsucht nach Frieden

Kennst auch du die Sehnsucht nach allumfassendem Frieden? Besonders in Zeiten kriegerischer Auseinandersetzungen werden sich immer mehr Menschen ihres tiefen Bedürfnisses nach Frieden bewusst. In der letzten Zeit haben kriegerische Handlungen in der Welt zugenommen, doch gleichzeitig wünschen sich immer mehr Menschen aus tiefstem Herzen Frieden. Immer mehr Menschen wachen auf und spüren, dass Krieg und Kampf nur Schmerz und Leid und keine Lösung bringen. Natürlich scheinen manche Interessensgruppen von einem Krieg zu profitieren, aber in Wahrheit verlieren alle. Manche Menschen gewinnen zwar an Macht, Einfluss und Geld und polieren damit ihr Ego. Tiefer betrachtet bedeutet es aber für die vermeintlichen „Gewinner" auch nur Schmerz und Verstrickung.

Diese Welt ist dual, es gibt Krieg und Frieden. Das ist die Spannung in der Dualität. Das wird sich nicht von heute auf morgen ändern. Aber immer mehr Menschen in eurem Kulturkreis sagen Nein zu kriegerischen Auseinandersetzungen und Ja zum Frieden.

Ihr werdet euch immer bewusster, auch aus eigener Erfahrung, wie wenig hilfreich Kriege und die damit verbundenen Zerstörungen sind. Die Sehnsucht nach Frieden verbindet euch. Es geht auch ein Ruck durch diese Welt. Menschen verschiedener Länder folgen unabhängig ihrer persönlichen Herkunft der Sehnsucht ihres Herzens nach Frieden. Es gibt Momente, in denen auf einmal nicht mehr unterschiedliche persönliche Ansichten trennen, sondern einzig der gemeinsame Wunsch nach Frieden im Vordergrund steht. Das ist eine wunderbare Entwicklung, auch wenn sich auf den ersten Blick scheinbar wenig geändert, manches eher zugespitzt hat und die Welt so brutal wie immer ist. Gerade aber die Häufung von Auseinandersetzungen und Kämpfen löst bei vielen Menschen die bewusste Suche nach Frieden aus. Für immer mehr Menschen ist die Zeit gekommen, trotz stärkerer äußerer Turbulenzen und kriegerischer Energien in der Gelassenheit des tiefen Friedens in sich zu ruhen. Kriegerische Handlungen bringen unermessliches Leid, gleichzeitig richten sie aber auch den Fokus der Menschen auf die Sehnsucht nach Frieden. Die dadurch erzeugte Dringlichkeit kann auch zu schnellerer Bewusstwerdung und zu größerem Engagement für den Frieden führen. Vollkommener Plan, der geschieht. Nutze du deine Chance. Darum geht es mir.

Dass dieses Buch zu dir gefunden hat zeigt, wie wichtig dir Frieden sein muss. Falls du jedoch glaubst, deinen Frieden erst finden zu können, wenn die ganze Welt in Frieden ist, wirst du ewig warten. Das braucht in der Materie seine Zeit und wird voraussichtlich in der Zeit deines Lebens nicht mehr geschehen. Die Welt wird nicht von heute auf morgen anders sein. Sie entwickelt sich in absoluter Perfektion in ihrer Zeit. Höre also auf, mit den Kriegen dieser Welt zu kämpfen, auch wenn du sie nicht gutheißt.

Wenn du dir Frieden wünschst, schließe jetzt deine Augen und sei dir des Friedens und der Stille in dir gewahr. Dieser Frieden strahlt aus und nährt auch andere.

Wenn du den ewigen Frieden in dir und deinem Leben gefunden hast, geschieht es von selbst, dass du auch anderen Frieden bringst, denn dein GewahrSein des Friedens erinnert andere an den Frieden, an ewiges unsterbliches Sein, das auch sie sind.

Wenn du sehr ungeduldig bist und die Sehnsucht nach Frieden bei dir sehr ausgeprägt ist, dann bist du jetzt besonders gefragt. Gib dein Feuer, dein inneres Brennen, nicht mehr in das Suchen, sondern in das Finden, in die Bewusstwerdung des Friedens, der du bist. Sei des Friedens gewahr. Oder hältst du es vielleicht für falsch, Frieden in dir zu suchen, während andere Menschen sterben? Das ist es aber nicht. Frieden in dir schließt ja nicht Mitgefühl mit anderen Menschen aus. Du kannst sie unterstützen und ihnen helfen. Wenn du aber Frieden nur im Außen zu finden und zu bringen versuchst, ohne die innere Dimension einzubeziehen, ist es nicht vollendet. Wenn ihr alle auf den äußeren Frieden wartet und in euch nichts geschieht, gibt es auch keinen Frieden. Wie innen, so außen. Das ist ganz einfach und logisch. Jeder Einzelne von euch ist die Welt.

Wenn du dich nach Frieden unter den Menschen und in der Welt sehnst, ist die Erinnerung in dir erwacht, dass es ewigen Frieden gibt. Es ist auch die Erinnerung an deine wahre Essenz, an die Einheit allen Seins, an das ewige Selbst. Die Sehnsucht nach Frieden ist auch deine Sehnsucht nach zu Hause und danach, in dir selbst anzukommen und geborgen zu sein. Es ist auch die Sehnsucht nach Frieden in deinem Leben und danach, dich ganz in die Ewigkeit, in das Namenlose fallen zu lassen, das du bist. Du bist das immer, nur warst du dessen nicht gewahr.

Es ist auch der Wunsch nach Erkenntnis, der Wunsch, die Illusionen fallen zu lassen und die Suche nach dem AllEinenSein, das immer in Frieden, immer in Liebe, ewig und unsterblich ist. Diese Suche kennt ihr alle, ob ihr euch dessen bewusst seid oder nicht. Es ist das Spiel, aus der Unbewusstheit zu erwachen und in den ewigen Frieden einzutauchen. Egal wie sehr Menschen in Illusionen verstrickt und gefangen sind, selbst wenn sie ihre Sehnsucht nach Frieden gar nicht mehr vernehmen, ist auch ihre verzweifelte Suche die nach der Einheit.

Manche Menschen müssen die Rollen der Unbewusstheit, der Verstrickung, des Kampfes noch spielen. Das ist ihr Job in dieser Zeit. Für sie geht es nicht darum, eine Sehnsucht nach Frieden zu vernehmen und dafür alles zu geben. Jeder spielt in diesem Leben seine Rolle und hat seine Funktion in dem Gleichgewicht der Pole.

Was ist mit deiner Sehnsucht nach Frieden? Sie muss stark sein, sonst würdest du nicht diese Worte lesen. Ich habe euch gerufen, die ihr mit der Energie des Friedens besonders verbunden seid, euch eurer Essenz bewusst zu sein. Wenn ich unter anderem von Frieden als eurer Essenz spreche, meine ich nicht den Frieden, den ihr als Gegenpol zum Krieg kennt, der sich in dem Spannungsfeld von Krieg und Frieden in eurer dualen Welt bewegt, sondern den Frieden des EinenSeins, der die Pole Krieg und Frieden in sich vereint. In euren Ländern war jetzt lange Zeit kein Krieg. Aber hat euch dieser äußere Frieden auch automatisch euren wahren Frieden geschenkt? War dieser äußere Frieden gleichbedeutend damit, dass die Kämpfe auch in dir zu Ende sind und dass du wirklich glücklich bist? Nein. Dieser äußere Frieden ermöglicht es euch zwar, euch nicht mehr vorderrangig mit dem Überleben, sondern auch mit innerer Bewusstwerdung auseinanderzusetzen. Trotzdem erleben aber viele Menschen in Friedens- und Wohlstandszeiten Krieg in sich und in ihren Beziehungen. Glaubt mir, wahrer Frieden in und bei „Gott" ist weder von äußerem Frieden noch von Wohlstand abhängig. Beides kann gegeben sein, und trotzdem muss die Sehnsucht nach Frieden in dir nicht gestillt sein und kann der Krieg noch in dir toben. Selbst wenn du in Frieden wärest, ist er abhängig von den friedvollen äußeren Begebenheiten und steht somit auf wackeligen Füßen. Ewiger Frieden ist aber unabhängig von allem. Er ist immer. Er ist in dir. Die Sehnsucht „nach" Frieden impliziert leider immer, dass er getrennt von dir ist. Die Sehnsucht „nach" Frieden scheint auch zu bedeuten, dass du nach Frieden erst suchen und ihn irgendwo wiederfinden musst. Das entspricht nicht der Wahrheit. Der Titel dieses Buches heißt nicht umsonst „Frieden, jetzt!" Er ist nicht irgendwo auf einem anderen Planeten, in der Zukunft und getrennt von dir zu finden, er *ist* gegenwärtig in diesem Moment. Wenn du still in dir bist, wirst du selbst zu diesem Frieden. Du hast ihn nie verlassen. Höre jetzt genau hin:

Glaube nicht, etwas getrennt von dir suchen und finden zu müssen.

Nimm wahr, wie einzig tiefer Frieden, das Namenlose, jetzt zugegen ist. Wie du das bereits bist, was du suchst. Halte inne. Lass es sich ausbreiten. Spüre den tiefen Frieden, jetzt! Frieden mit dem Leben, mit dem, was war, und mit dem, was sein wird, Frieden mit allem, was ist. DaSein. In-FriedenSein. In-FriedenSein mit der Welt und mit dir. Ewiger Frieden, jetzt, Unsterblichkeit, jetzt! Das Ende der Sehnsucht, jetzt! Du hast das niemals verlassen. Es ist immer zugegen. Mein Segen mit dir, für die Bewusstwerdung des ewigen Frieden, jetzt! Da endet die Sehnsucht. Da hört die Suche auf. Da ist Frieden, jetzt, in jedem von euch. Nimm wahr, wie jetzt Unbewusstheit und Illusionen von dir fallen, wie ewiger Frieden stärker ist als alles andere und wie tief, wie unendlich dieser Frieden ist.

Wirklich, wenn du die Sehnsucht nach Frieden spürst,
warte nicht auf den Frieden,
suche ihn nicht im Außen,
halte inne, jetzt
und sei gewahr, dass du ewiger Frieden,
alles und nichts bist.
So kann aus dieser scheinbar nie endenden Sehnsucht
endlich das Ende der Suche geschehen.
Jetzt!

Du kannst der Sehnsucht nach Frieden ein Ende setzen. Ewiger Frieden ist und ruht schon immer in dir. Du hast ihn immer wieder übersehen, weil du zu sehr außen und weit weg von dir gesucht hast. Du suchst ihn oft vergeblich, weil du ihn nicht dort vermutest, wo er ist, so nah, so selbstverständlich und allgegenwärtig. Es ist deine Essenz, das, was du bist. Willkommen im BewusstSein ewigen Friedens. Es ist alles nicht so dramatisch und außergewöhnlich, wie du es vermutest. Es *ist* einfach, – nur in der Stille, in Frieden zu sein. Das ist sehr natürlich. Dazu sind keine großartigen Gotteserfahrungen notwendig, – nur diese Stille. Unsterblichkeit und Ewigkeit, das hört sich vielleicht beeindruckend an, sie sind aber sehr natürlich. Viele von euch kennen diesen natürlichen Frieden. Die Worte Unsterblichkeit, göttliches BewusstSein, ewiges Selbst, ChristusbewusstSein wecken immer die Vorstellung von außergewöhnlichen Erfahrungen. Dabei ist es euer selbstverständliches natürliches Sein.

Worte sind manchmal die Grundlage für Irrtümer, besonders dann, wenn wir dasselbe meinen und es nur mit anderen Worten in Verbindung bringen. Halte dich deswegen nicht an den Worten fest. Denn es ist mir ein Anliegen, alle großartigen Worte und Erklärungen auf den Boden zu bringen: Es ist nichts Außergewöhnliches. Es ist nah. Es ist jetzt. Es ist in aller Menschlichkeit.

Manchmal ist es sogar gar nicht hilfreich, dass ich davon spreche. Denn ihr macht euch sofort heilige und idealisierte Bilder davon, und daran gemessen wirkt euer eigenes Erleben zu alltäglich. Auch die Liebe, von der ich spreche, ist viel einfacher und natürlicher, als sie oft in euren Vorstellungen ausgemalt wird. Ihr alle habt immer wieder einmal in aller Einfachheit erfahren, in euch still und in Frieden zu sein mit allem, was ist.

Es besteht die Gefahr, dass ich euch die Natürlichkeit, dessen, was ihr seid, zwar näher zu bringen versuche, ihr euch aber durch die Worte und eure Vorstellungen sogar noch weiter entfernt vermutet.

Falls dieser Eindruck in dir entstanden ist, möchte ich diesen hiermit zunichte machen. Es geht mir in diesem Buch nur darum, das BewusstSein des Friedens in dir zu wecken. Es geht mir um deine volle Präsenz im Hier und Jetzt.

Halte inne, spüre die Einfachheit tiefen Friedens.
Nimm einfach nur wahr, wie du da bist, präsent bist, jetzt!
Ohne Vorstellung davon, was ewiger Frieden ist.
Ganz egal. Sei einfach. In und mit dem, was gerade ist.
Willkommen. Nichts zu erreichen.
Es gibt nichts, was dir fehlt.
Meine Absicht ist es, dir aufzuzeigen, dass dir nichts fehlt.
Der Frieden, nach dem du dich sehnst und von dem du
dich abgetrennt fühlst, ist ganz natürlich bereits da.
Du musst weder ihm noch etwas anderem nachjagen.
Du kannst deine Aufmerksamkeit auf diesen
Moment richten,
auf den Frieden, der präsent und allgegenwärtig ist.
Neutralität, die allgegenwärtig ist.

Das Wort Neutralität mag einige von euch erschrecken. Es hört sich für manche von euch kalt an. Diese Neutralität aber hat nichts mit Kälte oder Distanz zu tun. Diese Neutralität ist vollkommene Leere, die gefüllt ist. Diese Neutralität ist Präsenz, ist reine Anwesenheit, reine Bewusstheit. Eine gesunde Neutralität hat nichts mit Unberührbarkeit, Gleichgültigkeit oder Herzlosigkeit zu tun, sondern damit, ein leeres Gefäß und in Frieden mit allem zu sein. Neutralität liegt jenseits von Wertung und sieht die Dinge so, wie sie sind. Ihr seid aber sehr darauf ausgerichtet, alles bewerten und einordnen zu müssen. Deswegen ist euch Neutralität suspekt. Immer wollt ihr euch mit etwas identifizieren. Das führt euch oft in Verstrickung, Trennung und Abhängigkeit.

Eine gesunde Neutralität hat nichts damit zu tun, nie Farbe zu bekennen, dich unkenntlich, unsichtbar und nicht greifbar zu machen. Sie ist einfach nur allumfassend und lässt die Dinge so sein, wie sie sind. Ihr habt Angst vor Neutralität, weil ihr befürchtet, dass damit Intensität, Engagement und Lebensgenuss aus eurem Leben gehen. Das stimmt auch, denn die extreme Spannung, die ihr durch die Identifizierung mit einzelnen Polen aufbaut, löst sich auf. Wenn du dich mit einem Pol identifizierst, wird gleichzeitig der Gegenpol angesprochen. Damit wird Intensität und Identität erzeugt. Im GewahrSein des AllEinen geht natürlich etwas von der Spannung, von den Dramen, die durch Verstrickung und Identifizierung erzeugt werden, verloren. Auf der anderen Seite lebst du weiter in der Dualität, dein Leben entfaltet sich und ist alles andere als fad. Denn es stehen dir noch viel mehr Möglichkeiten als vorher offen, weil du dich nicht mehr durch deine Identifizierungen und Wertungen beschränkst. Das Spiel des Lebens lädt dich ein, dich darin frei zu bewegen. Du musst nicht mehr künstlich Spannung aufbauen. Du *bist* einfach, und die Wellen des Lebens entfalten sich von selbst.

Nichts ist gegen die Spannung der Dualität einzuwenden. Die Spannung der Dualität ist eine wunderbare Erfahrung. Sie bringt auch euren Körper hervor. Es geht auf keinen Fall darum, der Dualität zu entfliehen, sie abzuwerten und negativ zu betrachten. Im Gegenteil. Da ist so viel Schönheit in der Spannung, in allen Aspekten, die das Leben hervorbringt. Auch in der Vielfalt der Erfahrungen kann unendliches BewusstSein sich selbst erkennen. Ich will nicht die Spannung der Dualität für eine Welt voller Eitel-Freude-Sonnenschein einlösen. Ich will mit euch ins Leben gehen und euch die Schönheit eures Lebens in seiner Vielfalt und Vergänglichkeit bewusst machen.

Auch die Vergänglichkeit ist immer von ewigem Frieden durchzogen.

Ich bin nicht hier, um euch irgendeinen Weg aufzuzeigen, und schon gar nicht den „einzig richtigen“. Ich will keine Richtlinien oder Gesetzmäßigkeiten aufstellen und euch auch keine Vorstellung davon geben, was der wahre Frieden ist. Wahrer Frieden ist nicht zu beschreiben, nicht in Schubladen zu packen, damit er für euch greifbar ist.

Ich diktiere dieses Buch, damit dir all deine Vorstellungen, deine Anhaltspunkte genommen werden. Ich spreche zu euch, um euch direkt ins Leben zu werfen, damit ihr direkter, präsenter und in Frieden mit eurem Leben seid. Selbst wenn du in Unfrieden mit dem Leben bist, bist du willkommen. Nichts ist falsch daran. Du kannst in Frieden damit sein, dass du nicht in Frieden bist. Du kannst auch in

Frieden damit sein, dass du dich selbst und die Menschen nicht lieben kannst. Keine Erwartung an dich. Wer sagt, dass du alle lieben musst? Wer sagt, dass du immer In-FriedenSein musst? Es ist in vollkommener Ordnung, so wie es ist. So, wie es ist, willkommen. Das ist wahrer Frieden, egal was ist.

Erkenne die Freiheit, da zu sein, du selbst zu sein und nicht auf eine bestimmte Art sein zu müssen. Jage nicht einer Vorstellung nach, wie du Frieden und Erfüllung finden kannst. Es gibt nicht „den" richtigen Weg für alle. Frieden ist jetzt. Und wenn du den Frieden nicht wahrnehmen kannst, kämpfe nicht. Sei in Frieden damit, dass du nicht in Frieden bist. Der Mantel des Friedens breitet sich aus. Du bist da. Das ist alles, nur direkte Präsenz.

☆☆☆☆☆

Die Wellen des Lebens

Ihr könnt beobachten, dass das Leben nicht berechenbar ist, nie gleich verläuft, und wie sich Wellen in einem Auf und Ab durch euer Leben ziehen. Mit dem Auf und Ab des Lebens habt ihr immer wieder Schwierigkeiten. Ihr wollt euch an der aufsteigenden Welle festhalten und ihre Abwärtsbewegung verhindern. Momente von Glück, Erfolg, Expansion und Gewinn wollt ihr verlängern.

Ihr könnt aber das Auf und Ab des Lebens nicht aufhalten. Das Leben in der Dualität umfasst alle Aspekte. Wenn du dich aber nur an einzelnen Aspekten festhältst, bist du im Kampf mit dem natürlichen Fluss des Lebens. Der fließt jedoch von selbst und in seinem eigenen Rhythmus. Du erzeugst nur Schmerz, wenn du versuchst, Kontrolle über ihn auszuüben. Ihr versucht oft, die Geschehnisse und deren Dauer zu manipulieren, in dem ihr versucht, die Welle, wenn sie sich nach oben bewegt, auszudehnen und euch an ihr festzuhalten. Die aufsteigende Welle ist in eurer Bewertung positiv und die sinkende Welle wie das „Ab" in eurem Leben negativ. Das ist nur eure Bewertung. Das Auf und Ab des Lebens ist neutral. Beides hat seine Berechtigung. Erfahrungen sind Erfahrungen. Gefühle sind Gefühle. Sie sind weder positiv noch negativ. Sie *sind*.

Positiv und negativ sind nur euer Urteil. Aus unserer Sicht gibt es diese Urteile nicht. Die Welle ist neutral, einfach nur Bewegung und Wandel.

Warum spreche ich über die Wellenbewegungen? Weil ihr immer wieder durch die Unterdrückung und die Manipulation des natürlichen Stroms unendlich viel Schmerz verursacht. Ihr haltet euch damit auch in der Illusion der Trennung gefangen. Ihr glaubt, das festhalten zu müssen, was gut und „von Gott" ist, und das unterdrücken zu müssen, was schlecht und somit „nicht von Gott" ist. Das ist eine sehr eingeschränkte Wahrnehmung, denn alles ist Gott. Alles ist das AllEine. Kollektiv gesehen, seid ihr immer nur auf der Suche nach dem sogenannten Positiven. Sogenannte negative Gefühle und Erfahrungen müssen vermieden werden. Warum ist denn Freude gut und Traurigkeit schlecht? Freude scheint ein angenehmes Gefühl zu sein. Aber wenn Freude erzwungen wird, fühlt sie sich fahl und unecht an. Es gibt auch eine Schönheit in der Traurigkeit. Wenn du sie weder festhältst noch unterdrückst, folgt sie ihrem eigenen Rhythmus.

Vielleicht kannst du dich auch an Momente erinnern, in denen du traurig warst, als Tränen geflossen sind und du dich dennoch ganz zu Hause und geborgen gefühlt hast. Was ist an Traurigkeit schlecht? Sie ist willkommen. Sie führt dich auch in die Tiefe. Sie berührt.

Viele von euch lassen Traurigkeit nicht zu, weil Traurigkeit nicht eurer Vorstellung vom glücklichen Leben entspricht. Ihr glaubt, dass Traurigkeit ein Feind ist, den man auf dem Weg zum Glück unter Kontrolle bringen und ausmerzen muss. Einige haben auch die Angst, von der Traurigkeit weggespült zu werden und dass diese, wenn sie einmal zugelassen würde, nie mehr enden wird. Aber auch Traurigkeit ist nicht endlos. Auch Traurigkeit hat ihre Zeit.

Alles folgt seinem natürlichen Rhythmus. Traurigkeit

kommt und geht, wie alles andere in dieser vergänglichen Welt. Auch wenn du das Gefühl hast, dass deine Traurigkeit so tief ist, dass sie niemals enden wird und du wochenlang nur weinen könntest, hört sie dennoch irgendwann auf, wenn du sie ganz zulässt. Heiße alle Gefühle und Erfahrungen willkommen. Lass sie zu, wenn sie erscheinen. Sie verschwinden genauso, wie sie gekommen sind. Sie begleiten euch umso länger, je mehr ihr sie unterdrückt. Gefühle zuzulassen, ohne sie zu manipulieren, lässt euch frei sein. Um manche Gefühle nicht zu spüren und euch manchen Situationen nicht zu stellen, weicht ihr auf Ersatzhandlungen aus, die sich dann unter anderem auch in Suchtverhalten, Beziehungsproblematiken oder körperlichen und seelischen Krankheiten manifestieren können. Ihr vermeidet es oft, das, was wirklich da ist, direkt zu erleben. Später könnt ihr dann die Ursachen verschiedener Problematiken nicht mehr zuordnen.

Die Ursache der meisten Probleme ist Ausweich- und Fluchtverhalten, weil ihr euch dem, was jetzt gerade ist, nicht stellen, es nicht annehmen und durchleben wollt. Ihr kommt aber auf Dauer nicht daran vorbei, wirklich präsent zu sein und das, was erscheint, zuzulassen. Das hat allerdings nichts damit zu tun, sich in Gefühlen zu suhlen, das geschieht nur dann, wenn ihr Gefühle überbewertet und sie nicht in ihrem natürlichen Rhythmus fließen lasst. Alles hat seine Zeit. Wenn du die Welle von Gefühlen und Erfahrungen nicht manipulierst, dann kommen und gehen diese Wellen nur in ihrer Vollendung. Dann sind Wahrhaftigkeit und Natürlichkeit zugegen. Die Freude ist echt, genauso wie die Traurigkeit. Welche Gefühle und Erfahrungen sind richtig, welche falsch? Es liegt eine Illusion in der Vorstellung, dass nur bestimmte Erfahrungen Glück bringen. Es liegt eine Illusion in der Vorstellung, dass manche Gefühle, Erfahrungen und Menschen gut und andere schlecht sind. Das ist Trennung.

Die Vermeidung der Abwärtsbewegung der Welle wird zu eurem Schatten. Hast du so sehr nach dem Licht gestrebt, dass du dabei vieles ausgeblendet und verurteilt hast? Schau dir das, was du ausblendest, genau an.

Gerade die Kräfte, die ihr nicht sehen wollt, können sich als Kollektiv-Energie auch in Form von Krieg ausdrücken. Wenn viele Menschen, kollektiv, bestimmte Energien unterdrücken und ihre Augen davor verschließen, gehen diese nicht verloren, sondern suchen sich konzentriert und verstärkt an anderer Stelle ihren Ausdruck. Das scheint dann in keinem Zusammenhang mehr zu ihrem Ursprung zu stehen. Meistens könnt ihr dann die direkten Zusammenhänge und die Verbindung zu euch selbst nicht mehr erkennen. Die Geschehnisse scheinen völlig getrennt von euch zu sein. Es scheint sogar oft, als hättet ihr gar nichts mit ihnen zu tun, weil sie nicht in eurem direkten Umfeld geschehen. Es gibt eine direkte Verbindung zwischen dir und den Geschehnissen dieser Welt. Du nimmst das meist nur nicht wahr. Eure unterdrückten und verachteten Anteile sind präsent, auch wenn ihr sie nicht sehen wollt. Ihr seid aufgefordert, hinzuschauen, dass das Leben alles umfasst, und das zuzulassen, was ihr nicht wahrnehmen wollt. Schlechte Gefühle sind nur schlecht, weil du sie so bewertest. Sie sind neutral. Auch der Schatten ist weder gut noch schlecht. Er ist ein Schatten.

Hier möchte ich euch zu einer gesunden Neutralität aufrufen. Freiheit geschieht, wenn ihr die „guten Dinge" nicht mehr festhalten und die „schlechten" nicht mehr vermeiden müsst. Anstrengung und Anspannung können gehen und der Strom des Lebens kann frei fließen. Ihr könnt ihn auf Dauer sowieso nicht erfolgreich kontrollieren. Ihr könnt die Abwärtsbewegung der Wellen nicht verhindern. Warum solltet ihr auch? Die Welle ist erst Welle durch ihre Auf- und Abwärtsbewegung. Dasselbe gilt für die Bewegungen eures Lebensflusses.

Jetzt möchte ich besonders diejenigen ansprechen, die sich als Lichtarbeiter bezeichnen. Bei dieser Lichtarbeit ist auch die Gefahr gegeben, nur nach dem Licht in Abgrenzung zur sogenannten „verdichteten und negativen" Welt zu streben. Es ist auch die Gefahr gegeben, sich dem Leben, wie es ist, nicht zu stellen, sondern flüchten zu wollen. Manche Menschen scheinen dem Licht im Wege zu stehen, und ihr glaubt, dass die dunklen Mächte gegen das Licht und gegen euch Lichtarbeiter kämpfen. Das ist ein sehr menschlicher, aber äußerst dual-verstrickter Blickwinkel. Was soll das für ein Licht sein, das auf der Flucht ist und „niedrigere" Schwingungen verurteilen und vermeiden muss? Es sind nur schlechte Schwingungen, weil ihr sie als solche bewertet. Wenn ihr euch im Kampf für das Licht gegen die dunklen Mächte befindet, seid ihr selbst in einer, wenn man es denn so nennen will, niedrigeren Schwingung. Ich nenne es „verstrickt in der Illusion der Trennung".

Ihr trennt und entzweit. Seid in Liebe mit allem, was ist. Seht das Licht des AllEinen hinter und in allem. Seid gewahr, dass alles göttlich ist. Das Licht des AllEinen ist unabhängig von Licht und Schatten, von Verdichtung oder von Feinstofflichkeit, von jeder Erscheinung. Gerade wenn ihr euch so sehr an dem „lichtvollen Pol" festhaltet, der Materie entfliehen, bestimmte Aspekte nicht haben und euch über sie erheben wollt, provoziert ihr um so stärker, dass die andere Seite der Medaille sich euch vehement in den Herausforderungen des Lebens zeigt. Wenn ihr euch nur am „Licht" festhaltet, seid ihr daran beteiligt, dass der Schatten sich seinen Raum nimmt. Das ist keine Lichtarbeit.

Im Übrigen möchte ich das Wort „Lichtarbeit" an sich in Frage stellen. Es ist zwar sehr verbreitet, gefällt mir aber genauso wenig wie das Wort Aufstieg, weil beides oft missverstanden wird. Der Begriff Lichtarbeit hat seine Funktion gehabt und war in vergangener Zeit wichtig, damit ihr euch untereinander erkennen konntet und die Dimension feinstofflicher, nicht sichtbarer Welten Einzug in euer Leben nehmen konnte. Es hatte seine Berechtigung. Nur geht es jetzt darum, euch weder mit der feinstofflichen Welt noch mit der materiellen Welt, weder mit dem Licht noch mit dem Schatten zu identifizieren. Es geht darum, nur zu *sein*, die Vollkommenheit aller Aspekte zu sehen. Es geht darum, mit den Füßen auf dem Boden anzukommen, euch nicht zu erheben und euch nicht von anderen abzutrennen. Viele haben den Kontakt zur geistigen Welt auch als Flucht benutzt, weil ihnen die Materie zu grob, hart und unmenschlich erschien. Da musste dann die bessere Welt her, eine feinstoffliche Welt voller Harmonie. Die Welt ist die Welt! Sie ist, wie sie ist.

Wenn es Zeit wäre, in Welten feinstofflicher Harmonien zu leben, dann wäre dein „Hauptbewusstsein" dort. Warum glaubt ihr, lebt ihr in der Dimension der Erde, wenn das nicht seinen Sinn hätte und nicht vollkommener göttlicher Plan wäre?

Komm an! Komm da an, wo du jetzt gerade bist. Wir feinstofflichen Wesen, auch wir Meister, wir sind präsent, aber wir werden uns immer mehr zurückziehen. Es war eine wichtige Zeit, euch Botschaften zu übermitteln, mit euch in Kontakt zu sein, euch zu erinnern, dass ihr viel mehr als nur euer Körper, ewiges unsterbliches Sein, unendliche Liebe selbst seid.

Jetzt ist die Zeit für eure Meisterschaft. Projiziert das nicht mehr nur auf uns Aufgestiegene Meister. Es ist Zeit, erwachsen und unabhängig zu sein. Wir haben keine Lust, „über euch zu schweben" und eure Vorstellung zu unterstützen, dass wir da oben „weiter, besser und heiliger" sind als ihr. Das bringt euch nicht weiter. Es ist Zeit für eure Meisterschaft, die vollkommene Göttlichkeit selbst zu erkennen, zu *sein*. Die Zeit ist vorbei, euch in die heile Welt der Feinstofflichkeit zu flüchten. Es ist Zeit, ganz in eurem Leben da zu sein.

In dem Kontakt zur geistigen Welt lag und liegt ein Geschenk, das euch dient und gedient hat. Vor allem die Menschen hatten Resonanz zur feinstofflichen Welt, die sich in der Dimension der Erde nicht wohl fühlten. Wir wollten euch bestätigen, dass ihr nicht alleine seid und euch die Erinnerung an euer wahres Sein, an ewige Liebe geben. Unser Wunsch war es niemals, euch von eurem Leben auf der Erde zu entfernen. Unsere Ausrichtung war immer die, euch in eurem DaSein zu unterstützen. Wir wollen nicht zur Weltflucht und zur Überbewertung feinstofflicher Dimensionen beitragen. Wenn wir es bildlich betrachten, war eure Energie sehr „nach oben", auf die „bessere Welt feinstofflicher Dimensionen", ausgerichtet. Jetzt will sich der Kreis vollenden. Keine Trennung zwischen oben und unten, zwischen Himmel und Erde. Alles ist durchdrungen von demselben ewigen unsterblichen BewusstSein. Auf der Ebene reinen Seins gibt es keine feinstoffliche und keine grobstoffliche Welt. Es geht auch nicht um außerkörperliche Erfahrungen und um spirituelle Phänomene. Es ist die Zeit gekommen, dass ihr voller Bewusstheit im Christusbewusstsein in eurem Körper seid. Richte deine Aufmerksamkeit auf deine Präsenz im Hier und Jetzt, weder auf einen anderen Ort, noch auf ein anderes Wesen oder eine Lichterscheinung. Du sitzt oder liegst, bist hier und jetzt. Ankommen in deinem Leben in aller Einfachheit – darum geht es jetzt.

Ihr habt lange Zeit Medialität überbewertet. Manche haben davor unglaubliche Ehrfurcht. Kommt jetzt an! Lebt euer Leben! Es ist nicht mehr die Zeit, zu entfliehen. Es ist die Zeit, präsent zu sein. Das klingt vielleicht zu einfach, zu unspektakulär, oder vielleicht auch wie eine Zurückweisung für dich, wenn dir die feinstoffliche Welt so wichtig ist. Das heißt ja auch nicht, die feinstoffliche Welt abzulehnen oder deinen Zugang zu verschließen. Ich möchte dir nur aufzuzeigen, dass die Überbewertung von Medialität und unserer Existenz einer feinstofflichen Dimension ein Ende haben muss. Auch Medialität und Spiritualität wollen entmystifiziert werden, und dennoch bleibt das AllEine ein Mysterium. Alle eure Vorstellungen über die Meister, über Elfen und Feen, sind nur Ausschnitte. Auch meine Worte sind nicht mehr als das, was zu dieser Zeit zu dir gesagt werden will.

Menschen hatten schon immer Bilder, Erklärungen und Vorstellungen von der Welt. Ihr habt schon an so vieles geglaubt und so vieles für wahr gehalten, das nach ein paar Jahren keine Bedeutung mehr hatte. Seht das wie ein Spiel an. Karma? Elfen? Meister? – Sind in allerletzter Konsequenz nicht das, was ihr euch vorstellt. Es gibt so viele Dimensionen, in denen ihr existiert. Auf der Ebene der Zeit gibt es Karma, Ursache und Wirkung. – Jenseits von Zeit jedoch nicht; nur alles und nichts, ewiges Jetzt. Wenn du an Karma glaubst, will ich dir das nicht nehmen. Ich will dich aber immer wieder einladen, deine spirituellen Vorstellungen, an denen du dich festhältst und denen du Macht gibt, nicht als Absolutum zu betrachten. Vielleicht stellt jemand in deinem näheren Umfeld deine ganzen spirituellen Ansichten in Frage. Vielleicht empfindest du diesen Menschen als grob und spirituell „unterentwickelt". Es liegt aber auch eine Wahrheit darin, alle spirituellen Bilder und Vorstellungen in Frage zu stellen. Es ist immer nur eine vorübergehende Form und nichts Absolutes.

Es gab immer Erklärungen, die irgendwann verbreitet

worden sind und die die ganze Menschheit geglaubt hat. Morgen schon hält die Menschheit vielleicht wieder etwas anderes für absolut. Erkenne dieses Spiel.

Dann fragst du dich vielleicht: Woran soll ich mich noch halten? An nichts. Warum musst du dich an etwas festhalten? Das, was jetzt ist, willkommen! Einfach nur DaSein, unabhängig davon, wie du das Leben zu beurteilen, einzustufen und zu erklären versuchst. Hingabe an den Strom des Lebens. Leben ist Bewegung, Vergänglichkeit und Veränderung. Da ist nichts endgültig. Endgültig ist nur die Essenz, der zeitlose Frieden.

Manchen Menschen macht es große Angst, wenn es keine festen Anhaltspunkte, wenn es nichts mehr gibt, an dem sie sich festhalten und orientieren können. Ihr sagt dann etwa: „Es muss mir doch jemand die Zukunft ganz genau voraussagen können und wie es in der feinstofflichen Welt wirklich ist. Es muss mir doch jemand sagen können, was ich richtig mache und was falsch." Nein. Damit gibst du nur deine natürliche Kraft und Autorität ab und folgst einem Konzept. Sei einfach offen für das, was von selbst durch dich geschieht, was einfach erscheint. Auch die Antworten kommen von selbst. –

Sei präsent in dem Moment, in dem du bist, ohne eine Vorstellung davon, wie dieser Moment sein müsste. Ich spreche mich nicht gegen Strukturen, Formen und Erklärungen aus. Das ist die Welt der Form, in der ihr lebt. Ihr kommuniziert über Bilder, Formen und Vorstellungen. Das scheint euch Orientierung und eine Möglichkeit zur Kommunikation zu geben. Ich sage nicht, dass ihr keine Form oder keine Konturen annehmen sollt, oder dass vorübergehende Wahrheiten und Konstruktionen falsch sind. Nur, mit dem Festhalten an Vorstellungen und Erklärungen vermeidet ihr die Hingabe an die Wellen des Lebens. Was bleibt, wenn es keine Anhaltspunkte mehr gibt, wenn sie euch alle genommen sind? Dann bleibst nur du allein, jetzt! Dann bleibt nur die Gegenwärtigkeit, absolute Präsenz, das Nichts, das sich von selbst durch den göttlichen Strom füllt. Macht dir das Angst? Kein Problem. Habe den Mut, dich diesem raumlosen Raum des Nichts, in dem alles erscheinen darf, hinzugeben. Es passiert nichts. Es geschieht einfach nur das, was geschieht. Die Quelle allen Seins, der Ewige Frieden, offenbart sich in seiner Vollkommenheit.

☆☆☆

Nichts.

Es bleibt das, was immer in Frieden ist und nicht davon berührt wird, wie die Wellen des Lebens sich bewegen und welche Meinungen du über die Dinge hast. Lass die Wellen des Lebens einfach fließen. – Lass auch die Abwärtsbewegung der Welle zu und das, was du vermeidest. Sind das vielleicht Traurigkeit, Wut oder das DaSein in der Materie? Glaubst du, immer erfolgreich, lieb oder stark sein zu müssen und ordnest dem alle anderen Gefühle unter? Wie sieht die Welle nach unten, mit der du im Kampf bist, bei dir aus? Was versuchst du zu forcieren und festzuhalten, und was versuchst du zu unterdrücken und zu vermeiden? Wie versuchst du, den natürlichen Fluss des Lebens zu kontrollieren? Wie wäre es, wenn du die Welle in ihrer unendlichen Weisheit einfach fließen und von selbst ihren Weg finden lässt? Es liegt so viel Weisheit darin, dass nicht immer alles nur auf Expansion und Freude ausgerichtet ist. Es liegt eine Schönheit in Traurigkeit, genauso wie in der Freude. Es liegt Schönheit im Rückzug, wie in der Expansion. Ständige Expansion erschöpft dich irgendwann. Es gibt eine Ausgewogenheit in den Rhythmen, in dem Auf und Ab des Lebens. Es führt dich, wenn du dich hineinfallen lässt, in einen tiefen Frieden. Entspannung geschieht. Wenn du jedoch diese natürlichen Rhythmen zu bezwingen versuchst, führt das zu Überanstrengung und Anspannung. Du bist dann im Kampf mit dem natürlichen Fluss deines Lebens. Wie wäre es damit, dich einmal unvoreingenommen diesem Fluss hinzugeben und ein stiller, neugieriger und geduldiger Beobachter der Bewegungen, die von selbst kommen und gehen, zu sein? Dann kommt

Leichtigkeit in dein Leben. Du fühlst dich getragen und erkennst die Weisheit und Ausgewogenheit, die in dem natürlichen Fluss liegt. Ich lade dich jetzt ein, in einer Meditation oder während des Lesens immer wieder innezuhalten. Entspanne dich. Wenn dir das schwer fällt und du mehr Zeit brauchst, kannst du mit einer kurzen, einleitenden Entspannungsübung deiner Wahl beginnen.

Wenn du ruhig und entspannt bist, sieh das Auf und Ab, die Welle deines Lebens vor dir. Lass sie fließen. Schau, wie sie sich formt, was von selbst geschieht und erscheint. Sei eine Zeit mit dieser Welle. Und dann schau dir genauer die Abwärtsbewegung der Welle an, vor allem die Aspekte, die du vermeidest. Sei bereit, sie jetzt ganz zuzulassen. Nimm wahr, welche Gefühle und welche Bilder von selbst kommen. Nimm wahr, vor welchen Aspekten, Gefühlen und Erfahrungen in deinem Leben du auf der Flucht bist. Wovor hast du Angst? Hast du Angst vor einem Gesichtsverlust oder davor, nicht genügend geliebt zu sein, zu versagen oder in Traurigkeit zu versinken, vor Wutausbrüchen, vor deiner Kraft, vor Machtmissbrauch, vor Hingabe, vor dem Nichts, oder davor, dich ganz in die Essenz des Friedens fallen zu lassen und die Kontrolle abzugeben?

Stell dich der Angst, stell dich dem, wovor du fliehst. Engel der Liebe werden dich dabei, falls du sie bitten magst, unterstützen. Erkenne, dass dich das, wovor du flüchtest, nicht zerstören kann. Die Geschehnisse, die du befürchtest, verlieren ihre Macht, wenn du sie zulässt. Lass das zu, wovor du dich fürchtest und wovor du flüchtest. Lass das zu, was du als Peinlichkeit oder als Katastrophe in deinem Leben empfinden würdest. Lass sich jetzt diese Situationen und Aspekte, die du vermeidest, in dir entfalten. Nimm sie einfach wahr, ohne etwas damit tun oder verändern zu müssen. Lass sie nur zu. Lass sie da sein. Liebe ist bei dir, Liebe ist mit dir. Sei in Liebe mit dem, wovor du dich fürchtest, mit dem, was du vermeiden wolltest.

Vielleicht vermeidest du auch, dein Inneres Kind anzunehmen, oder hast Angst vor dem Tod oder davor, in der verdichteten Schwingung der Erde stecken zu bleiben und gefangen zu sein. Nimm alle diese Aspekte wahr. Lass diese Abwärtsbewegung der Welle, den Schatten, zu, lass das, was du nicht sehen wolltest, was du immer unterdrücken und bezwingen wolltest, frei fließen. Gib den Widerstand auf. Gib den Kampf auf. Lass es endlich einfach nur da sein, nichts weiter.

Wie sehr sich die „Schatten" danach sehnen, dass du sie nicht mehr ausgrenzt, sondern in Liebe mit ihnen bist. Auch alle diese Aspekte, die ihr als „Lichtarbeiter" vermeiden und aus denen ihr euch erheben wolltet und die ihr als hinderlich angesehen habt, sind da, einfach nur da. Lass es zu. Lass die ganze Intensität der Gefühle zu. Wenn du Angst hast, geh in die Angst. Atme tief durch, geh weiter und weiter.

Betrachte jetzt die Situationen und Erfahrungen, die du nie erleben und über die du schon lange hinaus sein wolltest, im BewusstSein der Vollkommenheit, vollkommener Liebe. Da bleibt nur die Tiefe des Seins, Liebe, Frieden, jetzt! Nichts ist passiert. So ist es mit allem. Ein Auf und Ab, ein Kommen und Gehen, dahinter ist ewiger Frieden, ewige Gegenwart. Nur wenn du damit kämpfst, gibt es ein Problem, wird Schmerz erzeugt. Durch Flucht kannst du deinen Frieden nicht finden. Stell dich dem Leben ganz. Die Welt ist, wie sie ist. Sie umfasst alle Aspekte. Das kannst du nicht ändern. Du kannst aber mit allem in Frieden sein und die Vollkommenheit darin erkennen. Dann ist Frieden, egal was ist. Dann ist dein innerer Frieden nicht mehr davon abhängig, dass die Welle deines Lebens sich so gestaltet, wie du es zu erzwingen versuchst.

Was ist denn, wenn die Geschehnisse des Lebens nicht alle so eintreten, wie du es erwartest und du die Welle deines Lebens nicht am höchsten Punkt anhalten kannst? Dann scheint dir der Frieden, das Glück abhanden gekommen zu sein und etwas zu fehlen. Nein. Du bist immer vollständig. Der Frieden und wahres Glück sind immer. Sie sind nicht davon abhängig, ob du traurig bist oder gerade einen herausragenden Erfolg verbucht hast. Dieser Frieden ist ewig, er ist frei. Auch die Liebe ist ewig, sie ist frei. Ihr habt nicht die Macht, das Leben zu bezwingen. Sei also in tiefer Akzeptanz damit, dass die Welle sich auch nach unten bewegt. Keine Angst, die Welt ist Wandel. So wie du die Bewegung nach oben nicht festhalten kannst, bleibt auch die Welle nicht immer unten. Sie steigt wieder von selbst. Du kannst somit auch nicht ewig in Angst, Traurigkeit und Zweifel stecken bleiben, es sei denn, du hältst dich daran fest.

Es bewegt sich immer weiter. Kennst du den Schmerz,

etwas festhalten zu wollen und es letztendlich doch nicht zu können? Ja, egal wie sehr du dich anstrengst, in der dualen Welt ist nichts festzuhalten. Es gibt die Gesetzmäßigkeit von Vergänglichkeit, von Stirb und Werde. Auch immer nur Erfolg zu haben, ist nicht möglich. Alles verläuft in Wellen. Bei manchen Verfechtern des „positiven Denkens" ist es wie zu einem Zwang geworden, dass alles immer gut, leicht und „positiv" sein muss. Das ist oft unnatürlich und alles andere als ehrlich und wahrhaftig. Der Zugang zu sich selbst ist durch die „Positivmaske" häufig verschlossen. Wenn du trotzdem krank wirst oder deinen Job verlierst, hast du etwas Wichtiges noch nicht begriffen und bist immer noch viel zu negativ.

Wer sagt dir das überhaupt? Hast du Schuld, wenn du krank bist? Ist Krankheit denn immer nur ein Zeichen von Schwäche und Mangel? Vielleicht gibt es ja eine Vollkommenheit, eine Berechtigung in der Krankheit. Was ist gesund? Was ist krank? Es ist auch gesund, wenn der Körper einmal „krank" ist. Warum muss alles immer glatt gebügelt werden und perfekt sein? Es ist perfekt, dass es Gesundheit und Krankheit gibt, dass die Dinge so sind, wie sie sind. Warum heißt Krankheit, Traurigkeit oder Rückzug, dass du nicht weit genug entwickelt und nicht richtig bist?

Ihr interpretiert viel zu viel.
Seid mit dem, was da ist, in Frieden.
Warum muss alles erklärt werden?
- Und immer etwas falsch sein?
Glaube nicht deinen Vorstellungen und Interpretationen.
Stell dich dem Hier und Jetzt, dem Leben, wie es ist.
Heiße die Wellen des Lebens willkommen.
Willkommen ist auch all das,
was du nicht sehen und immer vermeiden willst.

Vollkommenheit und Ausgewogenheit liegen der Abwärtsbewegung der Welle genauso zu Grunde wie der Aufwärtsbewegung. Eine Welle ist nur eine Welle. Sie ist erst eine Welle durch ihre Auf- und Abwärtsbewegung und damit vollendet. Wieso sollte also die Abwärtsbewegung schlecht sein? Es ist derselbe Strom, dieselbe Energie, die ihr immer zu Grunde liegt.

Kommt ihr auf die Idee, wenn ihr die Wellen des Wassers beobachtet, dass es falsch ist, dass sie sich nach unten bewegen. Erwartet ihr, dass sie immer nur steigen? Erwartet ihr von einem Baum, dass er immer blüht oder immer Früchte trägt? Ist er plötzlich falsch, weil seine Blätter fallen und er kahl wird? Auch du unterliegst demselben natürlichen Fluss.

Um noch einmal auf das positive Denken zu sprechen zu kommen: Es liegt auch Weisheit in der Kraft des positiven Denkens. Aber positives Denken hat seine Grenzen. Es geht nicht darum, die Dinge positiv oder negativ zu betrachten. Beides ist unnatürlich. Alles immer positiv sehen zu müssen und auf positiv zu „trimmen" ist genauso unnatürlich, wie allem immer den Negativschleier überzustülpen. Es ist viel neutraler. Die Dinge sind, wie sie sind. Sie geschehen so, wie sie geschehen sollen. Du kannst in Frieden und in Liebe sein mit dem, was ist, und brauchst es weder mit einem „ Positivanstrich", noch mit der schwarzen Farbe des „Negativanstrichs" zu überpinseln. Es gibt Erfolg, es gibt Misserfolg. Aber was ist Erfolg, was ist Misserfolg? Es ist nur, wie es ist. Mal weniger Arbeit, mal mehr Arbeit, mal weniger Anerkennung, mal mehr Anerkennung, weniger Expansion und mehr Expansion.

Bist du selbständig und dein Geschäft läuft gut, beschwerst du dich, dass du so viel zu tun hast und sehnst dich nach mehr Ruhe. Geht es dann ruhiger zu, beschwerst du dich, dass zu wenig zu tun ist. Nie ist es richtig. Dabei sorgt das Leben perfekt für dich. Es ist immer nur deine Interpretation der Dinge, während sie selbst einfach nur das sind, was sie sind. Alles ist willkommen. Die Wellen des Lebens geschehen von selbst. Hingabe an das Leben, wie es ist. Du bist willkommen, auch wenn du dich weiterhin gegen die Abwärtsbewegung der Welle wehrst und den Schatten nicht sehen willst. Nur wenn du wahren Frieden willst und keine Lust mehr auf Schmerz, Kampf und Leid hast, dann kommst du nicht daran vorbei, genauer hinzuschauen und die Ganzheit zuzulassen.

Du findest keinen Frieden, wenn du einzelne
Aspekte ablehnst.
Dann bist du im Kampf und auf der Flucht.
Das Leben bleibt jedoch erbarmungslos.
Es verschont dich nicht und spült in seiner unendlichen
Weisheit und Gnade immer wieder das ans Land,
was du unterdrückst und nicht sehen willst.
Frieden ist, wenn alles kommen und alles gehen darf.

Dein innerer Frieden interessiert sich nicht für „positive oder negative" Ereignisse. Wenn du wirklich in Frieden bist, sind Ereignisse nur Ereignisse. Es gibt dann vielleicht den Unterschied, dass dir ein Ereignis näher ist und dich stärker mit Freude erfüllt als ein anderes. Ob aber Herausforderungen oder Highlights geschehen, der tiefe Frieden, die Essenz wird davon nicht berührt. Was ist, wenn du nur glücklich sein kannst, wenn du erfolgreich bist, wenn dein Partner dich liebt, wenn du nicht allein bist, viel Geld hast und schäumst vor Freude? Was ist aber, wenn das plötzlich alles wegfällt? Gibt es dann kein Glück mehr in deinem Leben?

Wahres Glück in dir ist aber unabhängig davon, ob dich jemand liebt oder nicht. Dieser ewige Frieden und diese ewige Liebe, sie sind immer. Gleichermaßen gegenwärtig.

Wenn alles willkommen ist, – Frieden.
Wenn die Wellen des Lebens
sich von selbst bewegen können, – Frieden.
Wenn du das unabhängige Glück,
stillen Friedens in dir vernimmst, – Frieden.
Wahrer Frieden.

Und so, ihr Mutigen, immer wieder möchte ich euch bitten, auch die Abwärtsbewegung der Welle zuzulassen und Frieden damit zu schließen. Es geht nicht um Ausgrenzung, sondern um Integration und nicht nur um aktives Tun, sondern um Zulassen und das Aufgeben der Manipulation. Lass dich in die Hingabe fallen. Die Wellen des Lebens haben ihren eigenen Rhythmus und ihre eigene Weisheit. Lass dich fallen in den unendlichen göttlichen Strom des Lebens. Wundervoller Frieden geschieht, wenn du nicht mehr ausgrenzen, unterdrücken, oder kämpfen musst. Das scheint schwer vorstellbar zu sein, aber es ist so. Du brauchst dir das auch nicht vorstellen können und musst es nicht glauben. Probiere es aus. Überprüfe es.

Lass sich das Leben selbst entfalten. Stell die Bewertung von guten und schlechten Gefühlen in Frage. Stell deine Glaubenssätze in Frage. Stell in Frage, ob nur Gesundheit, Licht und Erfolg Frieden bringen können. Sei einfach da und lebe. Ja, lebe ganz!

Die meiste Zeit eures Lebens seid ihr gar nicht wirklich anwesend. Ihr seid immer mit Gedanken und Vorstellungen beschäftigt und verpasst dabei, das Leben direkt zu erfahren und zu genießen.

Auch die Menschen, die sich als Realisten bezeichnen, sind oft gar nicht präsent. Als Realisten bezeichnen sich manchmal auch Menschen mit ausgeprägtem Angst- und Mangelgedanken. Wahre Realisten sind aber real. Sie sind ganz da. Sie sehen die Welt, wie sie ist, und sind damit in Frieden. Sie sind in Frieden mit dem Auf und Ab, mit allen Aspekten des Lebens. Sei also ganz präsent und wach und stell dich dem Leben. Dann entfaltet sich die Schönheit des Lebens ganz von selbst. Gesegnet bist du mit der Hingabe an das Auf und Ab des Lebens. Tanze mit den Wellen des Lebens. Lass den Tanz des Lebens geschehen. Lass die Wellen sich formen, wie sie sich formen wollen. Genieße das DaSein, genieße das Leben.

Barbara über die Wellen des Lebens

Ich möchte euch von einem Seminar mit dem Thema „Die Leichtigkeit des Seins" erzählen, das ich ungefähr drei Monate vor dem Entstehen dieses Buches in Augsburg gegeben habe. Am ersten Tag dieses Seminars gab es unter anderem auch ein Channeling von Sananda zu diesem Thema. Seine Botschaft war, dass die Leichtigkeit des Seins dann gegeben ist, wenn (entgegen unserer üblichen Vorstellungen) das „Ab" genauso wie das „Auf" sein darf und wir nicht mehr mit dem „Ab" kämpfen und dadurch den Fluss des Lebens manipulieren. Einige Teilnehmer waren natürlich gerade zu diesem Seminar gekommen mit der Hoffnung, endlich voller Leichtigkeit in den Lüften zu schweben. Sananda aber forderte uns auf, die Welle in ihrer Abwärtsbewegung zuzulassen.

Mit der Abwärtsbewegung der Welle waren aber nicht nur die unterdrückten Energien dieser Gruppe, sondern eine angesammelte, kollektive Energie in einer unglaublichen Intensität im Raum. Ich spürte die totale Bereitschaft, das ganze Leid, den kollektiven Schmerz, der in der Vermeidung und Unterdrückung der Abwärtsbewegung der meidung und Unterdrückung der Abwärtsbewegung der Welle liegt, zuzulassen. Da war eine Hingabe, das tiefe Vertrauen in mir, nicht zu lenken oder kontrollieren zu müssen und auch nicht die Intensität der Energie abzumildern. Ich war in tiefem Frieden mit dem, was erschien. Ich hatte Tränen in den Augen, Mitgefühl, in dieser Intensität und Deutlichkeit zu sehen und zu fühlen, wie wir Menschen die meiste Zeit auf der Flucht sind vor der Abwärtsbewegung. Es reichte die stille Akzeptanz aus, das zuzulassen, was geschehen wollte. Früher hätte ich geglaubt, dass in einem Seminar wie „die Leichtigkeit des Seins" doch Leichtigkeit und Freude im Vordergrund stehen müssten und hätte diese Intensität einer eher „schweren" Energie nicht zugelassen, vielleicht auch aus Angst, die Seminarteilnehmer dadurch zu vergraulen. Aber das war mir jetzt egal und nicht von Bedeutung. Zwei von ihnen kamen tatsächlich am nächsten Tag nicht wieder. Der ganze Tag war von dieser Energie durchflossen und ich spürte die Wichtigkeit, sie zuzulassen. Bereits vorher hatte sich das Ungewöhnliche dieses Wochenendes angekündigt. Zum ersten Mal hatte ich meine gesamte CD-Sammlung vergessen. Ich arbeite sehr viel mit Musik, liebe Musik, und Musik ist eine tragende Säule meiner Seminare. Ich war dennoch in einer inneren Ruhe und Gelassenheit, neugierig, ganz offen im Jetzt und für das, was von selbst geschehen wollte.

Ich war sehr berührt, dass die meisten Teilnehmer die Größe hatten, die Abwärtsbewegung der Welle in ihrer ganzen Intensität anzunehmen, da zu sein und nicht zu flüchten. Als ich dann abends bei einer Freundin, die das Seminar mitorganisiert hatte, in der Badewanne lag, wurde mir der Beginn dieses Buches für ein paar Monate später angekündigt. Die Energie und das Anliegen dieser Botschaften hatten bereits ihren Fokus bei dem Seminar gefunden.

Es geschah in diesem Seminar und besonders am nächsten Tag viel Heilung von selbst. Tränen sind geflossen. Der Kreis hatte sich geschlossen durch die tiefe Akzeptanz, auch die Dunkelheit ganz zuzulassen. Die Freiheit, mit allem zu sein, brachte die Leichtigkeit des Seins und eine gesunde Erdung. So ist jedes Seminar anders. Jeder Moment, jede Konstellation ist neu und einzigartig. Wie wunderbar!

Ich möchte an dieser Stelle den Seminarteilnehmerinnen und -teilnehmern danken. Es war ein Geschenk, das gemeinsam erleben zu dürfen, uns der „dunklen Nacht der Seele" hinzugeben. Darin lag ein Segen. – Danke!

Claudia, eine Seminarteilnehmerin beschreibt ihre Erfahrungen

Ich war sehr überrascht, von Sananda von dem Auf und Ab der Wellen des Lebens im Seminar zu hören. Gegen die Welle nach unten zu arbeiten, das war ich bisher gewohnt. Es blieb jedoch immer das Gefühl, etwas falsch zu machen, denn die Leichtigkeit und Freude wollten sich trotzdem nicht einstellen. Auch jetzt noch, einige Zeit nach dem Seminar, bringen genau die Information und Erfahrungen der Wellen des Lebens ein solch befreiendes, leichtes Gefühl, dass Freude und tiefer Frieden da sind. Jetzt ist es für mich in Ordnung, wenn die Welle nach unten läuft. Ich brauche nichts zu tun, es ist einfach in Ordnung. Was für eine Freiheit!!! Vielen Dank für diese bewegende und tiefe Erfahrung – ich lebe dadurch wesentlich „LEICHTER“.

☆☆☆☆☆

Weltfrieden

Kennst du den Wunsch nach einer besseren Welt, nach Frieden in der Welt? Kennst du den Wunsch, dass alle Menschen miteinander in Frieden sind und es keine Kriege mehr gibt?

Dieser Wunsch hat die Menschen seit jeher begleitet. Es sind sogar Kriege geführt worden mit der Motivation, durch sie Frieden zu bringen und eine bessere Welt gestalten zu können. Glaubt ihr denn wirklich, durch Kriege Frieden erzwingen zu können? In dem Moment, in dem du in Krieg und Kampf bist, ist Kampf und Krieg, aus welchem Grund auch immer dies geschieht. Krieg ist Krieg. Menschen sterben, auch wenn die Fahne des Friedens vorangetragen wird. Das ist den meisten von euch sicher bewusst. Ihr könnt Frieden in der Welt nicht mit Gewalt erreichen. Wenn du Frieden willst, dann sei in Frieden. Genau in dem Moment, wo du Frieden willst, ist er. Es ist immer deine Essenz. Es ist nur eine Frage deines Fokus und deiner Bewusstheit. Ob sich dein Wunsch nach Frieden auf ganze Länder, auf andere Menschen, oder auf dich und deine Beziehungen bezieht, ganz egal. Du kannst nicht durch Kampf Frieden bringen. Das ist nicht möglich.

Viele Führer ziehen aus scheinbar „höheren Motiven" religiöser oder politischer Art in den Krieg. Das ist aber nur die äußere Verpackung. Es bleibt aber, dass selbst wenn sie Frieden wollen, Kampf und Krieg säen.

Dasselbe ist auch in euren Beziehungen zu beobachten. Wenn du Frieden jetzt willst, wie der Titel dieses Buches es beschreibt, dann sei auch jetzt in Frieden. Auf den Frieden in der Zukunft zu warten, macht keinen Sinn. Wenn du dich danach sehnst, in tiefem Frieden in dir zu ruhen, dann sei in Frieden, jetzt! Warte nicht.

Du kannst nicht in der Zukunft wahren Frieden finden. So jagst du ihm immer nur hinterher. Du gehst davon aus, dass er jetzt noch nicht ist, sondern erst irgendwann kommen wird, vielleicht erst dann, wenn du dich dafür genug angestrengt hast. Du kannst in jedem Moment in Frieden sein. Frieden nur in der Zukunft zu suchen, bedeutet, dass dein BewusstSein darauf ausgerichtet ist, dass Frieden erst erreicht und hergestellt werden muss. Frieden kann aber nicht hergestellt werden. Frieden ist eine innere Haltung, bewusstes Sein.

Ihr könnt euch natürlich auch aktiv für den Frieden einsetzen, doch wirklich wichtig ist, dass ihr in Frieden seid. Es braucht Menschen, die den Frieden *leben*, anstatt für ihn zu kämpfen. Kennst du die innere Gelassenheit in dir, einfach in Frieden zu sein, nicht darüber reden und nicht dafür kämpfen zu müssen, weil er einfach da ist? Es gibt Menschen, die allein durch ihre Anwesenheit, durch ihre Art zu sein, Frieden ausstrahlen. Ihre Energiepräsenz strahlt Frieden aus, ohne dass darüber ein Wort verloren werden muss. Die Kraft des Friedens ist von selbst präsent. Ist diese Präsenz tiefen Friedens gegeben, ist sie selbst bei Menschen, deren Persönlichkeit sehr aktiv, temperamentvoll und bewegt ist, zu spüren. Sie machen oft nicht viel Wind darum. Menschen, die in sich ruhen, müssen weder ihren Erfolg noch ihr Geld demonstrieren. Wenn eine Energie wirklich da ist, ist sie in aller Natürlichkeit da. Dann geht es nicht mehr darum, dieses zu demonstrieren oder darum zu kämpfen.

Es gibt einen großen Unterschied zwischen sein und werden. Es ist auch ein großer Unterschied, in Frieden zu sein oder das Ziel des Friedens anzustreben. Sein ist die Kraft der Gegenwart und bedeutet, dass du dir bewusst bist, dass es bereits *ist*. Etwas zu suchen und danach zu streben, setzt voraus, dass es jetzt nicht ist, aber in der Zukunft sein sollte. Die Kraft des Friedens ist aber bereits jetzt in dir zugegen, ob dir das bewusst ist oder nicht. Sie ist und bleibt gegenwärtig. Wenn du Frieden in die Welt bringen willst, dann sei in Frieden mit dir und der Welt. Also, wenn du dir Frieden wünschst, worauf noch warten, wonach noch suchen? Er ist jetzt gegenwärtig.

Tritt ein in die Energiepräsenz von Frieden, in tiefe Gelassenheit. Sei jetzt in Frieden. Dann ist Frieden. Sonst bleiben es nur Erwartungen und Vorstellungen. Ihr seht dann den Mangel, seht alles, was außen nicht in Frieden ist, und überseht dabei die Essenz des Friedens, die ihr seid und die allgegenwärtig ist.

Natürlich baut auch der Wunsch nach Frieden ein Energiefeld auf. Das ist aber nicht damit zu vergleichen, wenn Frieden in dir ist und es keine Suche mehr nach ihm gibt. Ihr seid so mit dem Glauben identifiziert, dass immer etwas fehlt, – in diesem Fall der Frieden –, dass ihr die Bewusstheit des Friedens, die in allem und hinter allem ruht, nicht mehr wahrnehmt.

Mit dem Kampf für den Frieden kommt ihr dem Frieden auch nicht näher. Lasst einmal diese Worte auf euch wirken: Der Kampf für den Frieden. Das ist der Kampf jetzt, für den Frieden in der Zukunft.

Die Kraft des Jetzt, also in diesem Fall der momentane Kampf, ist immer viel stärker als der Frieden in der Zukunft, für den du kämpfst, weil die Zukunft nur das Bild deiner Wünsche und Gedanken ist. Beim Kampf für den Frieden stehen Kampf und Suche zwischen dir und dem Frieden.

Viele Staatsoberhäupter haben jede Menge plausibler Gründe dafür, warum Kriege notwendig waren. Und dabei gibt jeder vor, selbst immer die Seite „der Guten" gegen „die Bösen" zu vertreten. Aber ist es nicht erstaunlich, dass jeder glaubt, der „Gute" zu sein, während die anderen immer „die Bösen" sind? Jeder glaubt, das Richtige zu tun. Dennoch: Aus welcher Motivation heraus auch immer Kampf und Krieg geschehen, und mag sie, oberflächlich betrachtet, noch so edel und gut sein, unterm Strich bleibt doch nur Kampf. Und wer ist nun der Gute, und wer der Böse?

Menschen glauben meistens, dass ihre eigene Motivation richtig ist, und sie haben so viele Begründungen und Erklärungen parat, dieses Bild auch anderen gegenüber zu belegen. Geht es denn überhaupt darum, welche Meinungen und Sichtweisen besser sind, oder geht es nicht um eine Kraft, die stärker ist als Meinungen und Erklärungen, – um unendliche Liebe, die alles umfasst? Wenn du tief in dir ruhst, ist manche Diskussion und Rechtfertigung überflüssig. Es gibt so viele Meinungen und Sichtweisen, flüssig. Es gibt so viele Meinungen und Sichtweisen, aber weder das Eine noch das Andere ist die absolute Wahrheit.

Viele Kämpfe im Privaten geschehen, weil ihr Recht haben wollt. Das ist vordergründig ein Kampf um die richtige Sichtweise, genau genommen geht es aber nur um Macht und um euren Selbstwert. Selbst in ganz alltäglichen Situationen wollt ihr Recht haben und besser sein als euer Mann, eure Frau, als der Chef, der Nachbar, die Freunde oder die Kinder. Wie viel Streit geschieht allein aus Rechthaberei, weil jeder den anderen davon überzeugen will, notfalls auch mit Kampf und Streit, dass er Recht hat und somit natürlich besser als der andere ist. Das geschieht auch euch viel öfter, als ihr glaubt, selbst dann, wenn ihr euch für tolerant haltet.

Frieden kann aber nicht über die richtige Meinung oder über den richtigen Standpunkt gefunden werden. Davon gibt es immer viele. Frieden ist, wenn du in Frieden bist, den Frieden jetzt vernimmst und in Frieden lebst. Frieden ist auch, wenn du aus dem Kampf der Gegensätze um ihre Vormachtstellung austrittst und dir der Einheit aller Dinge bewusst bist. Es gibt einen wunderbaren Spruch, der das auf den Punkt bringt: Willst du lieber glücklich sein oder Recht haben? Ich möchte ihn noch erweitern: Willst du lieber in Frieden sein, oder willst du Recht haben? Recht haben zu wollen entspringt der Kraft des Verstandes. Recht haben und die einzig richtige Sicht- und Lebensweise für sich beanspruchen zu wollen, ist verbunden mit der Energie der Macht und der Trennung.

Ihr versucht aus einem individuellen Prinzip, einer subjektiven Sichtweise ein allgemein gültiges Prinzip zu machen. Damit stoßt ihr an Grenzen. Im Streit um die richtige Sichtweise geht es nur um dich, dass du die bessere Meinung hast und damit dich erhaben fühlen kannst. Welche Rolle spielt da schon, wer Recht hat? Wen interessiert das außer deinem Ego? Es ist ein Pseudo-Selbstwert, der nur zu wachsen beginnt, wenn du besser als andere zu sein glaubst.

Ihr könnt die unterschiedlichen Meinungen und Wahrnehmungen einer Situation doch nebeneinander stehen lassen in der Bewusstheit, dass beides nur relative Sichtweisen sind. Über Machtspiele und Rechthaberei ist kein Frieden zu finden. Es gibt natürlich viele Erklärungen dafür, warum Menschen Kampf und Krieg für begründet halten, sogar im Einsatz für den Frieden. Kämpft auch nicht für den Frieden gegen die Menschen, die Krieg führen. Ihr kämpft dann selbst.

Vielleicht sagt ihr jetzt: Aber das ist doch ein guter Kampf. Was ist denn ein guter Kampf? Es scheint doch immer nur Kämpfe für das Gute zu geben. Heroische Motivationen und Erklärungen für Kriege gab es schon immer. Aber was hilft das? Nichts. Wenn Frieden in dir verankert ist, dann kämpfst du keinen Kampf mehr gegen den Krieg oder die Menschen, die diesen Krieg führen, weil Liebe in dir ist. Da ist tiefes Mitgefühl auch für die Menschen, die so verwirrt und in Illusionen gefangen sind. Es geht dir dann nicht mehr um Schuld. Wenn du wahren Frieden willst, dann kämpfst du nicht gegen die, die Krieg bringen.

Manifestiert, lebt, seid die Kraft, die ihr fordert! Redet weniger darüber, was alles anders sein muss. Tut es! Was hilft es, über andere die Nase zu rümpfen, sie abzuwerten und mit ihnen zu kämpfen. Letztendlich kämpfst du immer auch mit dir selbst, mit der Unwissenheit, der Verwirrung, mit den machtorientierten Anteilen in dir. Wenn du auf andere herunterschaust und mit ihnen kämpfst, verurteilst du auch diese Anteile in dir. Wenn du glaubst, ganz anders zu sein: Das Universum aller Verhaltensweisen und menschlicher Aspekte lebt auch in dir. Einzig die Liebe bringt Befreiung, Liebe und Mitgefühl. Frieden ist, wenn du in der Kraft deines Herzens bist. Liebe ist Grundlage für Frieden. Mitgefühl ist Grundlage für Frieden. Stille in dir, da sein, präsent sein, ist Grundlage für Frieden.

Es erfüllt mich mit großer Freude, wie gerade in dieser Zeit immer mehr Menschen für den Frieden aufstehen und sich bewusst werden, dass Kriege, Kämpfe und Streit nur Schmerz und Leid bringen. Ihr lernt, dass In-FriedenSein wichtiger ist, als eure persönlichen Machtkämpfe zu gewinnen. Immer mehr Menschen haben die Bereitschaft, nicht auf das Trennende zu schauen, sondern dem Frieden Vorrang zu geben.

Gerade in eurem Kulturbereich wirken noch die Erfahrungen vergangener Kriege nach, und im Allgemeinen ist die Bewusstheit verankert, dass Krieg keine Lösungen bringt. Wenn der Wunsch nach Frieden über allem steht, lasst ihr selbst in den verstricktesten Situationen das Rechthaben-Wollen, die Verletzungen und das Machtgeplänkel los. Hier ist eine wunderbare Entwicklung zu sehen. Gerade die Erfahrungen vorangegangener Kriege haben eine größere Bereitschaft zu Frieden hervorgerufen.

Mein Wunsch ist, wie auch eurer, der Wunsch nach Weltfrieden.

Aber wenn Krieg in eurer Welt geschieht, kann das auch den Boden für einen größeren Einsatz für den Frieden wie zur Bewusstwerdung bereiten. Wenn Menschen extreme Erfahrungen mit Krieg und Kampf machen, dass sie dessen müde werden und ihre Sehnsucht nach Frieden so stark, dass sie dann doch bereit sind, von ihren Kämpfen um persönliche Macht abzulassen und der Liebe Raum zu geben. Aber es gibt auch Menschen, die so verbittert sind, dass sie nichts anderes als Kampf und Krieg kennen und immer wieder aufs Neue Hass säen und ernten.

In einigen Regionen eurer Welt ist das der Fall. Ohne hiermit Kampf und Krieg rechtfertigen zu wollen, – aber auch das folgt einem höheren Plan, der der Bewusstwerdung dienen kann. Gerade in der letzten Zeit sind viele Menschen als Reaktion auf kriegerische Auseinandersetzungen aufgestanden, und eine Welle der Einheit für den Frieden breitet sich trotz großer Unterschiedlichkeiten aus. Nicht mehr so sehr persönliche politische Sichtweisen sind Bedeutung, sondern vielmehr die Kraft des Friedens und der Liebe. Diese Kraft verbindet die Menschen.

Für den Frieden im Kleinen wie im Großen sind Bereitschaft und der Mut erforderlich, persönliche Macht und Identifizierungen zu überwinden. Natürlich bleiben individuelle Meinungen und Sichtweisen bestehen, nur sind sie kein unüberwindbares und trennendes Schild mehr. Menschen in den unterschiedlichsten Teilen der Welt bekennen sich zum Frieden, zu ihrem Herzen, das sich nach Frieden und Liebe sehnt.

Und jetzt geht es um dich. Worum geht es in deinem Leben? Vielleicht darum, deine persönlichen Meinungen, Vorstellungen, Erwartungen und Rechthaberein in Frage zu stellen und zu vernehmen, dass Liebe und Frieden stärker in dir zugegen sind? Gerade in Zeiten kriegerischer Auseinandersetzungen ist Liebe gefragt. Ich bin nicht nur voller Mitgefühl für die „Opfer", sondern auch für die Verwirrung der „Täter".

In Hinblick auf den Weltfrieden wird es noch viele Turbulenzen geben. Kriegerische Auseinandersetzungen werden nicht von heute auf morgen verschwinden. Das sind die Gesetzmäßigkeiten eures Lebens in der Dualität auf Erden. Aber es gibt eine stärkere Bewusstwerdung, nicht nur von Einzelnen, sondern auch durch kollektive Ströme. Die Entwicklung der Erde, der Materie, geht eben nicht mit Lichtgeschwindigkeit vonstatten. Das ist eine Evolution, für die es Geduld braucht.

Aber es geht auch nicht so sehr um die äußere Ebene. Es ist eine Illusion, dass morgen überall Frieden sein wird. Aber es ist keine Illusion, dass deine Essenz unendliche Liebe, ewiger Frieden ist.

☆☆☆

Halte einen Moment inne. Es gibt nichts zu tun. Geh einfach nur in die Stille und spüre, dass unabhängig von deinen Erwartungen im Hinblick auf Frieden in der Welt zu jeder Zeit die Kraft der Stille in dir zugegen ist. Da ist etwas, das stärker ist als deine persönlichen Kämpfe, deine Ängste, dein Streben nach Sicherheit, Anerkennung, Liebe und Macht. Da ist eine Kraft, die stärker ist als Krieg und Kampf, der ewige Frieden, der in dir ruht. – Jetzt!

Du Bote des Friedens, du bist aufgerufen, nicht gegen Krieg zu kämpfen, sondern in Frieden zu sein. Halte inne, verbinde dich mit der Liebe, mit der Kraft deines Herzens. Der Weltfrieden ist in dir. Der Weltfrieden ist der Frieden mit dir und der Welt. Es ist der Frieden deines kleinen Universums. Sei in Frieden mit deinem Leben. Da ist der Weltfrieden. Lebe die Kraft des Friedens, vernimm die unglaubliche Stille, den tiefen Frieden in dir. Nur noch wundervolle Offenheit und Präsenz bleiben. Jetzt. Nichts zu verstehen, nichts zu erklären. – Nur tiefer, ewiger Frieden.

☆☆☆

Mögest du den Frieden in dir erkennen,
die Einheit allen Seins.
Mögest du den Frieden in dem Moment,
indem du ihn suchst, in dir selbst finden.
Lass los, nach etwas zu streben oder zu suchen.
Finde jetzt.

Und was den Frieden angeht, hast du besonders gute Chancen, denn der Frieden, nach dem du suchst, ist allumfassend und allgegenwärtig. Er ist überall, an keinen Ort und an keine Bedingung geknüpft. In dieser Weite gibt es kein Problem, Unterschiedlichkeit oder verschiedene Sichtweisen zuzulassen. Dieser Frieden ist allumfassend. Er gibt nicht einer einzelnen Sichtweise seine Identifizierung. Er ist jenseits von Form. So nimm jetzt wahr, wie du auch mit denen, mit denen du gekämpft hast, in Frieden bist; wie du jetzt in Frieden bist auch mit denen, die Krieg bringen. Schließe Frieden mit den Menschen, mit der Unwissenheit, dem Wunsch nach Kontrolle und Macht. Nur Liebe heilt. Liebe bringt Frieden.

Mach die, die Krieg führen oder die die Welt anders sehen, nicht zu deinen Feinden. Bist du dann anders als sie? Bringe vielmehr den Frieden, nach dem du dich sehnst. Ob du dich für den Frieden aktiv einsetzt oder nicht, die Vollendung ist das BewusstSein des Friedens, ewiger Liebe jenseits von Zeit und Raum. Gib dich dem größeren Ganzen, der allumfassenden Liebe hin. Persönliche Eitelkeiten und Machtansprüche sind letztendlich nicht von Bedeutung. Vernimm die Kraft des Friedens und der Liebe, die ewig und unsterblich in dir ruht. Du bist willkommen, Bote des Friedens!

Nur hab Geduld mit dem Weltfrieden. Es hat alles seine Zeit. Du hast jetzt nicht die Macht, auf all die Menschen, die in den Krieg ziehen, einzuhämmern und sie zu zwingen, plötzlich wieder friedlich zu sein. Du hast nur die Möglichkeit, selbst in Frieden zu sein. Dein Weltfrieden ist, in

Frieden mit und in der Welt zu sein. Die Präsenz des Friedens ist jetzt. In-FriedenSein – Weltfrieden.

☆☆☆☆☆

Über Meditationen und Demonstrationen

Obwohl ich euch in diesem Buch Meditationen für den inneren Frieden zu eurer Unterstützung gebe, möchte ich euch einladen, Frieden nicht nur als Meditationsübung oder Herausforderung in den Momenten zu sehen, in denen es Auseinandersetzungen gibt. Frieden hat nicht nur mit Krieg zu tun oder damit, für den Frieden zu demonstrieren oder zu meditieren. Es sind Möglichkeiten, um die Bewusstheit des Friedens in euch zu verankern.

Aber viel wichtiger ist es, dir des tiefen Friedens auch in den Herausforderungen deines alltäglichen Lebens bewusst zu sein. Ich wiederhole dies bewusst immer wieder, damit es in euren Energiekörpern Resonanz finden und zu eurer Bewusstheit werden kann. Deine Essenz ist dieser tiefe Frieden, ewiges unsterbliches BewusstSein. So geht es nicht vorrangig um besondere Aktionen, sondern um deine Essenz, um die Erkenntnis dessen, was du bist, um den Frieden mit dir und dem Leben. Meditationen und Demonstrationen können für den einen oder anderen wichtig sein. Aber vergiss nicht, auch in deinem alltäglichen Leben in Frieden zu sein. Wahrer Frieden ist immer und entfaltet sich im GewahrSein des Ewigen Selbst. Innere Gelassenheit geschieht. Ruhe in dir auch in den täglichen Herausforderungen deines Lebens. In dir zu ruhen heißt, nicht unbeteiligt und distanziert zu sein. Frieden beginnt in eurem täglichen Tun, in eurem Alltag, in eurem Herzen. Frieden ist, wenn du den Kampf mit dir und der Welt aufgibst.

Frieden ist, wenn du dich einer größeren Kraft, ewigem unsterblichen Sein, hingibst. Dann weht die weiße Fahne des Friedens, der Hingabe und der Neutralität, als Zeichen deiner Bereitschaft, dass das Leben die Farben und Wege selbst wählt und du damit in Frieden bist. Dann hört der Kampf mit dem, was nicht sein darf, auf, und die Hingabe deiner persönlichen Erwartungen und Anstrengungen an das AllEine geschieht. Herr, DEIN Wille geschehe. Dieser Satz bringt das, was ich euch hier nahe bringen möchte, auf den Punkt. Herr, DEIN Wille geschehe. – Nicht meiner.

DEIN Wille geschehe heißt auch, anzuerkennen dass ewiges unsterbliches BewusstSein in seiner unendlichen Weisheit die Geschehnisse lenkt. Es ist ein unsagbares Geschenk, wenn du in der Tiefe erkannt hast, dass du nicht alles kontrollieren und steuern kannst und dich dem Göttlichen hingibst. Es gibt dann keine Trennung mehr zwischen dir und dem Göttlichen. Du und Gott, ihr seid EINS. Ihr müsst es nicht erst werden. Ihr seid es bereits. Ihr seid euch dessen meist nur nicht bewusst. In dem Moment, in dem du alles Persönliche dem Göttlichen übergibst, gibst du dein persönliches Ich, das von Gott getrennt zu sein scheint, hin und gehst in dem größeren Ganzen auf. Und seine Weisheit und Unendlichkeit wirken durch deinen Körper. Damit einhergehen Frieden, tiefes Vertrauen in die Vollkommenheit ewigen Seins. – Herr, DEIN Wille geschehe. – Da scheint es noch ein Ich und ein Du zu geben, dich als Person und andererseits der Herr – Gott. In dem Moment, in dem du dich hingibst, verlässt du diese Illusion der Trennung zwischen ich und du, zwischen dir und Gott. Du trittst ein in die Bewusstheit des EinenSeins. Das verdeutlicht der Satz: Ich und der Vater sind EINS. Ich und der Herr sind EINS.

Ein weiterer wichtiger Punkt gerade in Verbindung mit Friedensdemonstrationen und Meditationen ist es, nicht den Frieden schaffen oder machen zu müssen, sondern in Frieden zu *sein*. Sei in Frieden heißt auch: Ruhe in Frieden, in dem Frieden, der du bist. Ruhe in dir selbst. In Frieden zu sein heißt, zu Hause zu sein. Wenn jemand gestorben ist, seinen Körper verlassen hat, sagt ihr auch: Er ruht in Frieden. Aber nur euer Körper kann sterben. Ewiges unsterbliches Selbst, eure „Seele", ist und bleibt. Ewiges unsterbliches Selbst kann nicht ausgelöscht werden. Wenn jemand seinen Körper verlässt, beschreibt ihr das oft mit den Worten: „Er hat seinen Frieden gefunden. Er ist in Frieden gestorben. Friede sei mit ihm. Ein tiefer Frieden, der ihn in seinen Tod begleitet hat." Oder: „Ein Ausdruck tiefen Friedens lag auf seinem Gesicht."

Im Tod scheint der tiefe Frieden, von dem ich spreche, sichtbar und greifbar zu sein. Das Ruhen in Gott, in dem tiefen ewigen Frieden, ist aber nicht erst im Tod möglich, sondern auch in eurem Leben. Nur seid ihr meist so sehr in der Materie verstrickt und in Vorstellungen gefangen, dass ihr diesen tiefen Frieden, in den viele Menschen erst beim Tod ihres Körpers eintreten, in der Bewegung eures Alltags nicht erkennen könnt.

Der tiefe Frieden scheint in dieser Klarheit nur in Verbindung mit dem Tod zu stehen. Im Tod werden die Verstrickungen der Dualität verlassen, der Kontakt zum Körper und die Identifizierungen lösen sich. Das ermöglicht die Erfahrung tiefen Friedens.

Wenn ihr einen Menschen in seinem Tod begleiten durftet, konntet ihr vielleicht, selbst wenn dieser sehr gekämpft hat, in dem Gesicht oder auch im Raum einen unvergleichbaren Frieden und eine wunderbare Stille spüren. Dieser Frieden ist aber nicht an den Tod gebunden. Der Frieden wird dann nur deutlicher wahrnehmbar, weil die Verhaftungen und Identifizierungen mit dem Körper sich lösen.

Und genau darum geht es jetzt für dich: Nicht dass du dein Leben verlassen oder die Verbindung zum Körper auflösen sollst. Doch das Ruhen in Frieden ist dir hier und jetzt möglich. Grundlage dessen ist es, in Frieden mit dir und mit dem Leben zu sein und deine Verstrickungen und Identifizierungen zu lösen. Deswegen schau genau hin, wo du kämpfst und verhaftet bist. Nimm wahr, ob und womit du dich vom Leben bestraft fühlst. Wenn ja, überprüfe, ob es wirklich eine Strafe ist. Bringt dir das, von dem du dir dein Glück erhoffst, wirklich Glück? Hingabe an den tiefen Frieden, Hingabe an das, was ist. Immer wieder Hingabe:

Herr, DEIN Wille geschehe.
Göttlicher Wille geschehe.
Ich und der Vater sind EINS.

In diesen drei Sätzen ist alles Wesentliche enthalten.

Wenn du nur diese drei Sätze und ihre tiefe Bedeutung aus diesem Buch mitnimmst, hast du einen wichtigen

Schlüssel, ein wundervolles Mantra. Meditationen können die Bewusstheit des tiefen Frieden verstärken, müssen es aber nicht. Es gibt auch Demonstrationen für den Frieden, die nicht die Energie des Friedens tragen. Es geht aber nicht um die äußere Form, auch nicht um das, was ihr sagt. Denn wenn ihr Frieden erkämpft, ohne in Frieden zu sein, ist es keine Botschaft des Friedens. Wahrer Frieden kommt allein aus der Stille. Wahrer Frieden ist nicht aufdringlich. Er strahlt von selbst. Wahrer Frieden fühlt sich so selbstverständlich, so natürlich an. Dazu sind keine Besonderheiten notwendig. Er ist Vollendung selbst.

Menschen, deren Körper gestorben ist, tun nichts mehr, sagen nichts mehr, und trotzdem kann noch durch den toten Körper der tiefe Frieden strahlen. Auch vor und im Prozess des Todes sprechen sie meist nicht mehr viel. Sie konzentrieren sich aufs Wesentliche, sind einfach nur in der Stille und strahlen Frieden aus, weil Frieden ist. Die Bewusstheit der Einheit, des tiefen Friedens, ist und strahlt von selbst.

Es gibt und gab schon immer Menschen im Gewahr-Sein des ewigen unsterblichen Selbst, die Frieden ausstrahlen und bringen, weil sie Frieden sind. Manche reden gar nicht darüber und leben einfach und unerkannt. Ihr könnt stundenlang über Frieden sprechen und für Frieden kämpfen, und trotzdem muss die Kraft des Friedens nicht präsent und nicht wirklich spürbar sein. Im GewahrSein tiefen Friedens geschieht Tiefgreifendes und Wahres in aller Natürlichkeit. Es geht nicht darum, Wirbel zu machen, obwohl das manchmal auch sehr notwendig sein kann.

Wahrer Frieden entfaltet sich aus der Stille und strahlt von selbst, obwohl er sich auch bunt, intensiv und wild ausdrücken kann. Über Frieden zu sprechen und für den Frieden in Aktion zu treten, bewegt zwar etwas, bleibt aber nur an der Oberfläche, wenn dabei nicht wirklich die Kraft des tiefen Friedens bewusst ist.

Immer wieder, wie in einem Mantra, erinnere ich dich in diesem Buch an den tiefen Frieden, der in dir ist. Durch dieses Buch durchzieht sich eine Energie, ein goldener Faden. Es geht eben nicht nur um die Worte, die ich spreche, sondern um die Aktivierung deiner Bewusstwerdung des ewigen Friedens, der still in dir ruht, wie in einem tiefen See. Es geht auch nicht um die neusten Informationen. Es wendet sich nicht an deinen Verstand. Dieses Buch ist übermittelt, um die Bewusstheit des ewigen unsterblichen Selbst in dir zu erwecken. Dazu wiederhole ich einige Sätze und Worte, wie ein Mantra, immer wieder. Die Illusion der Trennung wurde auch durch Wiederholungen, die wie eine Trance wirkten, manifestiert. Gedanken, wie zum Beispiel: „Ich bin nicht liebenswert. Ich bin zu dick. Die anderen sind besser. Sie haben mehr Glück" sind zu euren unbewussten Mantren geworden, die ihr ständig rezitiert. Auch wenn du bewusst ganz anders denkst, begleiten dich doch manche Glaubensätze wie ein Mantra. Mit bestimmten Wiederholungen in diesem Buch, wird, wie durch ein Mantra, die Bewusstwerdung des tiefen Frieden in dir gestärkt. Energie und BewusstSein durchziehen dieses Buch. Es ist nicht für deinen Verstand, sondern wendet sich an deine Essenz.

Ja, meine Botschaft an euch ist: Ruhet in Frieden, jetzt, in eurem Leben, und nicht erst im Tod. Lebt euer Leben nicht in der Zukunft, sondern jetzt. Die Worte „Ruhe in Frieden" tragen sehr viel Kraft, sehr viel Weisheit in sich. Manche christliche Messen werden auch mit den Worten beendet: Gehet hin in Frieden.

Energieübertragung jetzt durch die Worte:
Ruhe in Frieden, jetzt!
Sei in Frieden, jetzt!
Frieden jetzt
Liebe jetzt

Es ist eine unnötige Beschränkung, das „In-Frieden-zu-ruhen" nur auf den Tod zu beziehen, als könntet ihr erst dann zu Gott gelangen. Ihr könnt nicht zu Gott gelangen. Begreift es, fühlt es: Ich und der Vater sind Eins. Es gibt keine Trennung, kein Ich getrennt-von-Gott. Warum erst, wenn der Körper stirbt? Jetzt ist deine Zeit. Möchtest du Frieden jetzt? Oder erst irgendwann, wenn deine Seele deinen Körper verlässt?

Ich weiß, ihr wünscht euch den Frieden, jetzt! Genau das ist auch mit dem Titel dieses Buches gemeint: Ruhe in Frieden, jetzt, nicht erst, wenn du stirbst, nicht erst in der Zukunft. Wie ein Mantra lass die Energie der Worte: „Frieden jetzt, in Frieden ruhen, In-FriedenSein" deinen Energiekörper durchdringen.

In Gott, in dir zu ruhen, ist jetzt möglich. Du musst dich vorher nicht umkrempeln, plagen oder zu einem besseren

Menschen entwickeln. Das ist nur eine Art Trance des Leidens und des Mangels, mit der ihr euch beschäftigt haltet.

Lass das Ganze einmal weg. Schau nach innen und ruhe in dir. Dazu ist keine Übung notwendig. Eine Übung nährt auch nur wieder die Illusion, dass du keinen Frieden hast und ihn erst finden und erlangen musst. Frieden ist. Wenn du in Frieden ruhst, ist dein ganzes Leben Frieden, auch wenn außen viel in Bewegung ist und es die eine oder andere Herausforderung gibt. – In Frieden zu ruhen hat nichts mit Untätigkeit zu tun, nichts mit Langsamkeit oder mit mangelndem Temperament. Du bist in dieser Welt und bewegst dich in ihr. In Frieden zu ruhen ist mit Stille verbunden, mit einer Stille im Inneren. Diese Stille und dieser Frieden schließen nicht die äußere Welt und deren Bewegung aus. Du musst nicht still sitzen, und es muss nicht alle Lebendigkeit aus deinem Körper schwinden. Du kannst in tiefem Frieden in dir ruhen und trotzdem so temperamentvoll, so lebendig sein, wie es dein individueller Ausdruck ist. Stille ruht in allem, auch in der Bewegtheit. Tagtäglich in der Stille zu meditieren garantiert nicht automatisch die innere Stille und den inneren Frieden. Du kannst still sitzen, und trotzdem rattern die Gedanken und du bist unruhig. Wenn du dann auch noch im Kampf mit den Gedanken bist, weil du erzwingen willst, dass sie ruhig sind, dann ist das alles andere als Frieden. Andererseits kannst du in totaler Aktion und inmitten von Turbulenzen in dir in Stille und In-FriedenSein.

Es gibt Menschen, die eher ruhig veranlagt sind. Das bedeutet aber nicht, dass sie innerlich in Ruhe und Frieden sind. Während manche Menschen, die sehr temperamentvoll und viel in Bewegung sind, trotzdem in einem tiefen Frieden in sich ruhen können. Alles ist möglich. Stille und Frieden haben nichts mit der persönlichen Charakterprägung zu tun. Manche Männer sind äußerlich eher ruhig und springen nicht, wie viele Frauen, auf jede emotionale Welle auf. Deswegen müssen sie aber nicht in sich ruhen und In-FriedenSein. Eine scheinbare äußere Gelassenheit kann auch mit der Unterdrückung von Gefühlen in Verbindung stehen und nicht mit einer inneren Gelassenheit.

Es geht mir auch nicht darum, euch zu äußerer Stille oder zu Meditationen zu bewegen. Wenn es von selbst dein innerer Impuls ist, wunderbar. Meine Botschaft ist: Ruhe in Frieden, jetzt! Sei ganz präsent und lebe ganz und gar. Alles andere sind Informationen, die Brücke, um dich des Wesentlichen gewahr sein zu lassen.

Wenn du die Stille des tiefen Friedens nicht vernehmen kannst, sei auch damit in Frieden. Du musst sie nicht vernehmen. Du bist dieser Frieden, ewiges unsterbliches BewusstSein. Wisse, wenn du diesen Frieden jetzt nicht spüren kannst, ist nichts verloren. Sei mit dem in Frieden, was gerade ist. Frieden sei mit dir, ist in dir. Immer geliebt, jetzt, und in alle Ewigkeit!

☆☆☆☆☆

Deine Beziehungen

Was hilft euch alle Theorie über den Frieden, wenn ihr in Unfrieden und inneren Kämpfen lebt. Deswegen geht es mir um die Praxis, um den Frieden in dir.

Mit welchen Situationen und Menschen bist du nicht in Frieden? Bist du im Kampf mit deinem Partner, deinem Chef, mit den Kindern, dem Nachbarn oder den Politikern? Haderst du mit Gott und dem Leben, weil dir deine Wünsche nicht erfüllt werden und es Herausforderungen in deinem Leben gibt? Ich möchte dich unterstützen, dich aus diesen alten Mustern, Verstrickungen und aus deinen Kämpfen zu lösen und in Frieden zu sein. Und zwar jetzt!

Frieden in deinen Beziehungen.
Du und die Menschen, mit denen du alltäglich in Kontakt bist, sind die kleine Welt.
Der Frieden hier ist der kleine Weltfrieden.
Der Frieden hier ist die kleinste Zelle,
aus der er entsteht.
Deswegen schaue,
mit wem du im Kampf und im Hader bist.
Wem gibst du Schuld für bestimmte Situationen
in deinem Leben?
Mit wem bist du innerlich nicht in Frieden?
Mögest du in Frieden in deinen Beziehungen sein!

Damit ist natürlich nicht gemeint, dass du alle Menschen gleich lieben musst, oder es nicht Differenzen und Auseinandersetzungen geben kann. Finde aber deinen Frieden in den Kontakten, in denen du jetzt noch gefangen und verstrickt bist. Erwartest du zum Beispiel von deinem Mann oder deiner Frau, dass er/sie anders ist? Es muss kein offensichtlicher Kampf sein, vielmehr kann das sehr subtil geschehen. Wenn du zum Beispiel von deinem Partner oder von deinen Kindern immer wieder erwartest, dass sie sich anders verhalten müssen, damit du glücklich sein kannst, bist du nicht in Frieden mit dem, wie sie sind. Irgendetwas an ihnen scheint nicht richtig zu sein. Du gibst ihnen das Gefühl, dass du glücklicher wärest, wenn sie sich verändern würden.

Stimmt das denn wirklich? Ist wirklich dein Frieden abhängig davon, wie andere Menschen sich verhalten? Glaubst du wirklich, dann erst glücklich zu sein, wenn die Menschen sich so verhalten, wie du es erwartest? Nein. Das entspricht nicht der Wahrheit. Wahrer Frieden ist nicht abhängig von dem Verhalten anderer Menschen, und er stellt keine Erwartungen an sie. Diese Erwartungen sind nur deine Erwartungen, das ist alles.

Viele Menschen führen diese subtilen Kämpfe. Es ist der Kampf, das Leben und die Menschen nach deinen Vorstellungen verbiegen zu wollen. Frieden ist aber unabhängig davon, wie sich die Menschen um dich herum verhalten. Es stimmt nicht, dass du erst In-FriedenSein kannst, wenn alle zu dir nett sind und sich verhalten, wie du es erwartest. Du kannst auch In-FriedenSein, wenn jemand dich angreift. Deine Beziehungen sind der Mikrokosmos des Weltfriedens. Ihr alle seid im Kleinen die Staatsmänner einzelner Länder. Du sieht ja selbst in deinen Beziehungen, wie schwer es ist, dass jeder mit seiner Art zu sein akzeptiert wird.

Deine Beziehungen sind auch ein Spiegel für die verschiedenen Anteile in dir. Wenn du zum Beispiel das impulsive, unkontrollierte, kindliche, unverantwortliche Verhalten eines anderen kritisierst, kannst du dich fragen, was mit den impulsiven, unkontrollierten, kindlichen, unverantwortlichen Anteilen in dir ist. Unterdrückst du sie? Willst du sie nicht haben und bei dir selbst nicht sehen?

Der Kreis schließt sich aber und ist erst dann vollendet, wenn alle Aspekte sein dürfen. Sei in Frieden mit all den Aspekten menschlichen Ausdrucks. Wie ihr wisst, halten euch andere Menschen immer auch einen Spiegel vor. Ihr könnt durch sie lernen, euch in ihnen wieder erkennen. Sie helfen dir, die Ganzheit zu erkennen. Sie sind nicht deine Feinde.

☆☆☆

Meditation - Frieden in deinen Beziehungen

So gehen wir jetzt in einer Meditation auf eine innere Reise, um die Bewusstheit des Friedens, die du in manchen Kontakten verloren zu haben scheinst, wieder in dir zu verankern. Du kannst die folgenden Worte auf eine Kassette sprechen, damit du dich nur den Worten, den inneren Bildern und Dynamiken hingeben und dich fallen lassen kannst. Diese Meditation sowie die anderen Meditationen in diesem Buch sind auch dazu geeignet, in Gruppen gemacht zu werden. Du kannst aber auch einfach nur weiter lesen.

Lege dich hin und mache es dir bequem. Gib deinen Körper, das Gewicht deines Körpers, an die Erde ab, die dich trägt und hält. Es gibt nichts zu tun. Es gibt nichts zu erzwingen. Es gibt kein Ziel, auch keine Erwartung an dich. Du darfst da sein, so wie du bist. Keine Anforderung wird an dich gestellt. Vertraue der unendlichen Weisheit, dass deine innere Reise genauso geschieht, wie sie geschehen soll. Ihr habt alle euren eigenen Rhythmus, einen individuellen Weg.

Und nimm wahr, wie sich dein Körper mehr und mehr entspannt, – wie beim Ausamten alle Anspannung geht und deine Atmung ruhig und gleichmäßig ist. Du lässt dich ganz tief fallen in die Stille, in die Weite des Seins, erfüllt und umhüllt von unendlicher Liebe. Es gibt nichts zu tun. Du musst dich auch nicht zwingen, Liebe oder Stille wahrzunehmen. Es reicht, dass du da bist. Mit jedem Atemzug lässt du dich tiefer fallen, mit jedem Atemzug kommst du tiefer in die Stille. Du nimmst wahr, wie dein Körper und dein Geist sich mehr und mehr entspannen.

Du nimmst jetzt wahr, wie deine geistigen Führer und Helfer, Wesen ewigen Friedens und ewiger Liebe, zu dir kommen. Du musst die geistigen Führer und Helfer nicht sehen. Wenn du sie aber sehen kannst, nimm ihre Form wahr, ihre Kleider, ihre Namen. Genauso kann es aber auch sein, dass du keinen Namen, keine Form, kein Gesicht wahrnimmst, vielmehr eine Energiepräsenz ohne Form. Und dann gehst du mit ihnen in die Natur. Es kann ein Strand, eine Blumenwiese oder ein Wald sein. Du genießt diese Umgebung, dein DaSein. Du genießt das Gehen. Du genießt das Atmen. Du genießt das DaSein in der Weite, in der Präsenz ewiger Liebe.

Jetzt zeigen dir deine geistigen Helfer eine große weiße Leinwand. Auf dieser Leinwand erscheint eine Situation, in der du im Kampf, offensichtlich oder sehr subtil, mit einem anderen Menschen bist. Es kann eine Situation sein, die schon lange zurückliegt, aber deren Auswirkungen noch heute zu spüren sind. Vielleicht erscheint aber auch eine aktuelle Situation. Suche keine Situation. Sie findet dich von selbst.

Nimm dich und die Menschen in dieser Situation wahr. Was fühlst, was denkst du? Was geschieht?

Lass sich diese Situation immer mehr entfalten, und dann befindest du dich selbst mitten darin. Nimm wahr, was du dem anderen vorwirfst. Nimm wahr, was du von ihm erwartest und was von dir erwartet wird. Was fühlst du? Nimm deine Gefühle wahr. Lass sie zu, lass sie fließen –, deine Wut, deine Traurigkeit, deine Enttäuschung, deine Verletzung oder das Gefühl, nicht geliebt, gedemütigt oder abgelehnt zu sein. Lass das Gefühl ganz zu. Lass einfach das zu, was da ist. Du musst dich nicht spirituell oder heilig verhalten.

Geh noch tiefer in das Gefühl, lass es richtig zu. Dir passiert nichts. Du bist geschützt. Du bist umhüllt und erfüllt von Liebe. Nimm dir die Zeit, die du brauchst. Wenn du die ganze emotionale Ladung zugelassen hast und sie sich damit aus den Zellen deines Körpers lösen konnte, trittst du jetzt mit Hilfe deiner geistigen Führer und Helfer in das BewusstSein ewigen Friedens ein und betrachtest dieselbe Situation aus dem BewusstSein der Vollkommenheit. Was geschieht, wenn du diese Situation mit den Augen der Liebe betrachtest? Nimm wahr, wie alles, was geschehen ist, auch was dir ein anderer scheinbar angetan hat, vollkommener Plan war. Nimm auch deine Verantwortung, deinen Anteil an dieser Situation wahr. Nimm wahr, wie Liebe, wie Frieden bleibt und wie dir diese Situation gedient hat. Alle Erwartungen, Vorwürfe, Verletzungen, Kämpfe enden und nur Liebe bleibt.

Ein tiefer Frieden durchströmt dich. Du lässt dich fallen in den tiefen Frieden. Er verlässt dich nicht, selbst wenn der andere Mensch, mit dem du im Kampf warst, sich genauso wieder verhalten würde. Nimm wahr, dass der tiefe Frieden bleibt, egal ob sich dieser Mensch verändert oder nicht. Du kannst ihn nicht verändern, aber du kannst deinen Frieden finden.

Du bist jetzt wieder in der Situation, in der du einst in Unfrieden warst, jetzt aber im BewusstSein der Vollkommenheit. Nimm wahr, wie in dem tiefen Frieden sich die Menschen weiterhin so verhalten und sein können, wie sie sind, es aber deinem Glück, deinem Frieden nicht mehr im Wege steht. An ihnen ist nichts falsch. Sie sind, wie sie sind. An dir ist nichts falsch, du bist wie du bist.

Was hat das, wie andere sich verhalten, mit deinem Frieden zu tun? Wenn du glaubst, abhängig von den richtigen Verhaltensweisen und Handlungen anderer Menschen zu sein, sind dieser Glaube und mangelnde Selbstverantwortung dein Problem.

Jetzt, im BewusstSein ewigen Friedens, nimmst du wahr, wie du all die Menschen, mit denen du gehadert hast, willkommen heißt. Du siehst sie, wie sie sind. Sie müssen sich nicht ändern. Euer Kontakt muss nicht näher, nicht liebevoller sein. Egal, ob sich diese Situationen verändern oder nicht, du steigst aus der Resonanz des Kampfes aus und trittst ein in die Stille ewigen Friedens. Diese Kraft, die aus der Stille ewigen Friedens entspringt, löst alles auf, deinen Kampf und die Verletzungen, deine Vorwürfe und Erwartungen. Nimm wahr, wie alles von dir abfällt und du in Frieden mit den Menschen bist. Sie haben dir nichts angetan, egal was sie dir an Schmerz zugefügt haben. Du hast dir den Schmerz selbst zugefügt, weil du geglaubt hast, dass jemand den wahren Frieden, dein wahres Glück zerstören kann. Das ist mangelnde Bewusstheit der Liebe, der Vollkommenheit in dir. Du warst niemals das unschuldige Opfer. Das geht nicht. Es geschieht nichts ohne Resonanz. Es gab dein Ja dazu, auch wenn du es nur unbewusst gegeben hast.

Hier ist Selbstverantwortung gefragt. Es gibt kein Opfer und keinen Täter. Ein Opfer wird zum Opfer, weil Resonanz zum Täter gegeben ist. Das Opfer ist gleichzeitig selbst Täter, weil die Situation, meistens unbewusst, erlebt werden wollte. Du bist niemandem etwas schuldig, und niemand ist dir etwas schuldig. Allem lag euer Ja zu Grunde.

Und so sieh, wie ihr gemeinsam in eurer Unwissenheit und Unschuld diese Erfahrungen gemacht habt. Es ist nicht einmal Vergebung notwendig. Vergebung setzt voraus, dass jemand anders etwas falsch gemacht hat, beziehungsweise dir etwas angetan hat. Damit bleibst du weiter mit der Opferrolle identifiziert. Sieh immer deinen eigenen Anteil. Niemand kann den Frieden in dir stören, es sei denn, du verlässt ihn selbst und machst dich zum Opfer. Kein Grund, euch selbst zu bemitleiden und anderen die Schuld zu geben. Ein vollkommenes Spiel. Beide gleich beteiligt.

Und nun spüre die Liebe, die euch verbindet, die Liebe, die euch diese intensiven Erfahrungen hat miteinander machen lassen. Jeder ist auf seine Weise auf der Suche nach unendlicher Liebe und ewigem Frieden.

Wenn es noch weitere Menschen und Situationen gibt, mit und in denen du nicht in Frieden bist, lass sie vor deinem inneren Auge oder auf der Leinwand erscheinen. Nimm, wie vorher auch, alle Gefühle wahr, die Vorwürfe, die Anklage, die du gegen diesen Menschen oder gegen diese Situation erhebst. Sei bereit, die Gefühle in ihrer ganzen Intensität zu fühlen. Jetzt. Das ist wichtig. Lass deine Gefühle, den Schmerz, die Wut, die Verzweiflung, die Hilflosigkeit, alles, was gerade da ist, fließen.

Und dann mit Hilfe deiner geistigen Führer und Helfer siehst du dieselbe Situation aus den Augen der Vollkommenheit. Du nimmst in der Tiefe an, dass die Menschen so sind, wie sie sind. Wenn du etwas ändern willst, dann tue es an dir. Aber mach ihnen nicht zum Vorwurf, dass sie so sind, wie sie sind. Nimm wahr, wie sich ein tiefer Frieden mit all den Menschen, denen du begegnest und mit denen du in Kontakt bist, ausbreitet. Und spüre, dass niemand gekommen ist, um dich zu verletzen, selbst wenn er mit voller Absicht gehandelt hat. Nimm wahr, wie sehr sie selbst gefangen waren und wie Liebe ist und Liebe bleibt.

Und sieh jetzt die vollkommene Schönheit, die in den Menschen und ihren vielfältigen Ausdrucksformen ruht. Tiefer Frieden ist in dir, jetzt, mit den Menschen und mit allem, was ist.

Auch wenn du während dieser Reise Widerstände gespürt hast und es doch noch so viele Argumente gab, warum du doch nicht verzeihen und Frieden schließen kannst, bist du willkommen. Es gibt nichts zu erzwingen. Nimm einfach deine Widerstände wahr. Nimm sie an und lass sie zu. Spüre, wie auch dein Widerstand willkommen ist. Du darfst deine Widerstände fühlen. Du bist auch damit geliebt, Recht haben und bemitleidet werden zu wollen und deinen Schmerz zu fühlen und zu zeigen. Willkommen sind dein Schmerz und dein Widerstand.

Nimm jetzt wahr, dass etwas von all den Widerständen, dem Schmerz, den Verletzungen unberührt bleibt. Nimm wahr, wie die Ganzheit, die Vollkommenheit, egal, was passiert ist, gleichzeitig immer zugegen ist. Da ist etwas, selbst in den schrecklichsten Situationen, was immer still, unzerstörbar, vollkommen und in Frieden ist. Egal, wie viel Schmerz du erfahren hast, für wie verkorkst du dich hältst und wie sehr du glaubst, dass etwas irreparabel an dir ist, da ist die Vollkommenheit selbst, die durch keine Erfahrung zerstört werden kann.

Nimm wahr, wie in den schlimmsten Erfahrungen, in dem größten Schmerz, das ewige unsterbliche Selbst in seiner Vollkommenheit, unberührt von allem, in dir ist und immer war. In dem größten Schmerz und Widerstand sind gleichzeitig ewiges unsterbliches BewusstSein und tiefer Frieden zugegen. Jetzt breitet sich der tiefe Frieden in dir aus. Du hast den tiefen Frieden mit den Menschen gefunden. Ruhe in diesem tiefen Frieden. Nimm das BewusstSein der Vollkommenheit, des tiefen Friedens aus dieser Meditation in deinen Alltag mit. Beschränke diese Erfahrung, das bewusste Sein, nicht auf diese Meditation. In jeder Herausforderung deines Lebens sei dir der Vollkommenheit bewusst. Egal, wie die Menschen sich verhalten, egal, ob sie dich offensichtlich lieben oder nicht, Frieden ist und bleibt.

Du kannst jetzt, wenn es dir ein Bedürfnis ist, deinen geistigen Führern und Helfern für ihre Unterstützung danken. Auch all den Menschen, die dich scheinbar verletzt und sich nicht so verhalten haben, wie du es wolltest. Danke ihnen für die gemeinsame Erfahrung. Danke ihnen, dass du durch sie erkennen lernst, dass dein Frieden und unendliche Liebe von nichts und niemandem abhängig sind. Ewiger Frieden ist in dir, egal, was passieren wird. Nimm deinen Körper wahr, wie du einfach nur daliegst, wie du einfach nur bist, nichts erfüllen musst und vor allem nichts brauchst, um glücklich zu sein. Du bist durchströmt von der Stille des tiefen Friedens. Leer und doch erfüllt. Präsent in deinem Körper. Du nimmst den Boden unter deinem Körper wahr, liegst einfach nur da. Du ruhst in Frieden. Du erfreust dich am DaSein. Nichts zu tun. Frieden mit dir und den Menschen. Frieden in euren Beziehungen. Gesegnet seid ihr jetzt. Möge Frieden in euch ruhen. Möge Frieden in euren Beziehungen sein. Frieden aus der Kraft des Herzens. Frieden aus der Kraft der Liebe. Amen.

☆☆☆☆☆

Ganz DaSein

Einige von euch haben Schwierigkeiten, sich in dieser Dimension, in der verdichteten Schwingung der Erde zurechtzufinden. Sie haben das Gefühl, auf der Erde am falschen Platz zu sein und fühlen sich fremd und nicht willkommen. Sie sind im Kampf mit den Gesetzmäßigkeiten der Dualität, mit den Spannungen und Herausforderungen und empfinden vieles als zu grob.

Diese Welt wird unbewusst immer wieder verglichen mit den Welten der Harmonien, in denen die Liebe offensichtlich ist. Daran gemessen erscheint ihnen das Leben als Mensch sehr schwierig und lieblos. So gibt es einige, die sich nach entfernten Planeten, nach einer Rettung durch Ufos oder nach dem „Aufstieg" sehnen, um der Erfahrung der Dichte dieser Dimension zu entfliehen. Diese Sehnsucht verursacht oft unsagbaren Schmerz, denn gemessen an den Erinnerungen an Welten feinstofflicher Harmonien sind das Leben und die Menschen hier nicht gut, nicht harmonisch und liebevoll genug.

Die menschliche Erfahrung wird niemals den Erinnerungen und Idealen anderer Daseinsformen gerecht. Diese Unzufriedenheit und die innere Flucht davor, dieses Leben wirklich ganz zu leben und anzunehmen, bringt dir keine Freiheit und auch nicht die Liebe, nach der du dich sehnst. Wahrer Friede und wahre Liebe sind von keinem Ort, nicht von einer Existenz auf einem fernen Planeten, nicht von anderen Daseinsformen oder einer Schwingungsanhebung der Erde, nicht von einem Jahr 2012 abhängig. Immer wieder: Die Liebe, der Frieden, nach denen du dich sehnst und die du nur woanders zu finden glaubst, sind immer in dir.

Ich bin nicht begeistert von esoterischen und spirituellen Fantasien, die implizieren, dass eine Rettung von Außen kommen wird und dass es woanders besser als auf der Erde sei und wir in den feinstofflichen Dimensionen die einzig wahren Freunde sind. Nein! Das ist einfach nur Flucht, – die Flucht vor deiner Präsenz, vor deiner Anwesenheit hier und jetzt.

Flüchtest du auch aus Schmerz und aus Angst vor deinem DaSein und aus mangelndem Mut und lebst mehr in anderen Welten? Wartest du auch auf eine Erlösung deines DaSeins?

Deine Erlösung ist hier und jetzt. Erlösung liegt nicht in der Flucht. Deine Erlösung liegt darin, egal in welcher Dimension, in Frieden zu ruhen und Ja zu dem zu sagen, was ist.

Ihr begegnet dem menschlichen Leben mit so viel Missachtung und Arroganz, wenn ihr auf die Grobstofflichkeit und die Verdichtung der Erde und der Menschen hinunterschaut. Glaubt mir: Wahre Meisterschaft, die auch uns Aufgestiegenen Meistern geschehen ist, wird nicht durch Flucht erlangt, sie geschieht nicht, indem du dich über die Menschlichkeiten und über die Erde erhebst. Sie geschieht dann, wenn du den Einen Christus, die Liebe, in allem erkennst und dein Herz geöffnet ist für die Erfahrung, Mensch zu sein. Liebe auch diese scheinbare Unvollkommenheit. Sei in Frieden mit deinem DaSein und ganz präsent im Hier und Jetzt. Wenn du fliehst und immer etwas anderes willst als das, was gerade ist, trennst du dich ab vom DaSein. Die Vorstellung, dass Liebe und Frieden nur woanders existieren, nur in den feinstofflichen Welten, im Tod oder erst dann, wenn alle Menschen in Harmonie miteinander leben, ist eine Illusion.

Dass alle Menschen in totaler Harmonie miteinander leben, ist vorerst nicht zu erwarten. Darum geht es auch nicht. Die Welt ist momentan, wie sie ist, und es geht um deinen Frieden. Sage Ja dazu, dass du da bist!

Du bist nicht frei, wenn dein Frieden davon abhängig ist, dass du in der „richtigen" Dimension lebst oder die Welt sich in vollständiger Harmonie auflöst. So bleibst du immer gefangen. Die Kraft des Einen Christus, unsterbliche Liebe, ist frei und nicht eingeschränkt. Du erzeugst nur Schmerz und Leid, wenn du die Welt und dein DaSein nicht vollständig akzeptierst. Immer scheint das, was ist, nicht gut genug zu sein. So werdet ihr nie glücklich sein. Nimm die Einladung und die Herausforderung an, den Frieden und die Liebe, jetzt und hier, in deinem DaSein als Mensch zu finden.

Die folgende Meditation liegt mir besonders am Herzen. Es liegt mir am Herzen, dich in dieser Dimension willkommen zu heißen. Besonders ihr, die ihr wegstrebt, nicht da sein wollt und eure Vorstellung vom Erwachen im Christusbewusstsein einer Weltflucht entspricht, spreche ich an. Ich möchte euch dem Erwachen, dem Aufstieg, näher bringen, indem ich euch in eurer Präsenz stärke und euch an das unsterbliche Selbst erinnere. Wir werden auch die Erinnerung an „zu Hause", das GeborgenSein in anderen Dimensionen, in euer Sein integrieren. Diese scheinbare Trennung von der Quelle allen Seins will überwunden werden. Dann gibt es keine Trennung mehr zwischen deinem DaSein in anderen Dimensionen in größerer Bewusstheit und einer Existenz in dieser Dimension mit einer eingeschränkten Bewusstheit, und keine Trennung von „Gott" mehr. Die gab es nie. Das ist die Illusion. Das ist der Schleier. Du bist nie aus der „Einheit" herausgefallen. „Gott" ist überall. „Dein Zuhause", das du woanders empfunden und vermutet hast, wird zu deinem inneren Zuhause, sodass du überall, egal in welcher Dimension oder Situation, in dir ruhst und zu Hause bist. Das GewahrSein des Einen Christus ist hier genauso möglich wie an jedem anderen Ort. Göttliche Essenz in allem.

☆☆☆

Meditation - Frieden mit deinem DaSein/ Die Schleier der Unbewusstheit fallen

Und nun schließe deine Augen, nachdem du diesen Text ruhig und entspannt auf eine Kassette gesprochen hast. Vielleicht liest aber auch jemand, mit dem du dich verbunden fühlst, dir diese Worte vor. Wichtig ist, dass du diese Meditation hörst, damit du dich in die Tiefe fallen lassen kannst. Das ist schwierig, wenn du diese Meditation nur liest, aber sie wirkt auch dann.

Wenn du deine Augen geschlossen hast, erlaube deinem Körper, sich vollständig zu entspannen. Lass dich fallen, lass dich tragen von der Kraft der Liebe. Lass dich umhüllen von dem sanften Geruch, von der sanften Berührung ewiger unsterblicher Liebe, die dich von innen durchströmt und von außen umhüllt. Es gibt nichts zu tun. Du bist willkommen. Es gibt nichts zu erzwingen, nichts, was du falsch machen könntest. Diese Reise hat ihre eigene Weisheit. Du musst nichts steuern. Selbst wenn scheinbar nichts geschieht, geschieht etwas. BewusstSein, Energie wirkt von selbst.

Und nun lass deine Vorstellungen von dem, was geschehen soll, los. Lass dich auf ein Abenteuer ein. Geh in eine tiefe Entspannung. Reines DaSein. Mehr nicht. Spüre die Weite, nur zu sein. Reine Energiepräsenz.

Und mit jedem Atemzug entspannst du dich tiefer. Mit jedem Atemzug verstärkt sich das BerührtSein von unendlicher Liebe. Tiefer Frieden und Ruhe breiten sich aus. Allein diese Worte, die Energie, die mit diesen Worten in

Verbindung ist, wirkt. Gib ab, gib dich hin. Vertraue. Und so nimmst du jetzt wahr, wie du von dem ewigen unsterblichen Licht aus der Quelle allen Seins durchströmt, durchflossen und umhüllt bist. Kein Anfang, kein Ende, vollkommen durchströmt von ewiger Liebe unsterblichen ewigen Bewusstseins. Nimm wahr, wie du jetzt auf eine Reise gehst durch all die verschiedenen Dimensionen zu dem Planeten, zu der DaSeinsform, zu der Energiequalität, in der du zu Hause bist. In absoluter Geschwindigkeit, wie ein Wimpernschlag, reist du durch die Welten, zu der Dimension, wo du dich zu Hause, wo du dich zugehörig fühlst.

Nimm wahr, wie du dorthin gelangst und wie du jetzt dort bist. Nimm deine Umgebung wahr. Nimm wahr, wie es dort ist. Gibt es dort Formen? Gibt es Farben? Gibt es Gebäude? Gibt es Wesen? Und wie sehen diese aus? Nimm die Wesen wahr, wenn es welche gibt, die du als deine Familie empfindest. Spüre ihre Energiequalität. Nimm jetzt die Formen noch genauer wahr, die Gerüche oder Farben. Vielleicht ist es auch eine Dimension, die keine Formen kennt, die formlos ist, oder wo Formen wechseln. Vielleicht ist es eine Dimension großer Neutralität, oder eine Dimension intensiver Liebe. Vielleicht machst du auch ganz andere Erfahrungen, die nicht in Worte zu fassen sind.

Tauche ganz ein in diese Dimension, in der du zu Hause bist. Genieße!

Gibt es Wesen dort, mit denen du verbunden bist? Oder bist du allein? Vielleicht bist du kein Ich mehr, kein Körper, keine Form. Sei einfach dort, in dem DaSein, wo du zu Hause bist. Genieße es, „zu Hause" zu sein. Nimm die Gefühle wahr, wenn es Gefühle gibt. Nimm die Einheit, das Eine Sein, den Frieden wahr, in dem du bist. Tanke auf. Atme durch. Genieße das DaSein bei den Deinen, in der Existenz, die dir so nah und so sehr vertraut ist.

Und dann nimm wahr, wie du davon gehört hast, dass du die Dimension der Erde betreten wirst. Nimm deine Gefühle, deine Gedanken in diesem Zusammenhang wahr und wie du dich möglicherweise mit deinen geistigen Führern und Helfern beraten hast. Egal wie, nimm wahr, wie die Entscheidung, der Impuls, geschehen ist, diese Dimension zu betreten.

Und dann ist die Zeit gekommen, in dieses Leben zu gehen. Du verabschiedest dich von den Deinen. Nimm deine Gefühle und Gedanken wahr, die damit in Verbindung stehen, die Dimension, in der du dich zu Hause gefühlt hast, zu verlassen. Vielleicht gibt es einen Abschied, vielleicht auch nicht. Schau, was geschieht. Und reise dann weiter zu dem Zeitpunkt, wo du in energetischem Kontakt bist mit deinen Eltern, mit deiner Mutter, die dich gebären wird. Du näherst dich der Dimension der Erde, der Verdichtung, zunächst nur im Feinstofflichen. Nimm wahr, wie es ist, nahe der Energie deiner Eltern und doch noch nicht in einem Körper zu sein. Die Verbindung zu deinen Eltern wird stärker. Du kommst in Kontakt mit dem Bauch deiner Mutter, in Kontakt mit deinen Eltern. Du bist jetzt auch in Verbindung mit dem kleinen Körper, der in dem Bauch deiner Mutter wächst. Nimm wahr, wie es ist, im Mutterleib zu sein, bei deiner Mutter zu sein und die ersten Schritte der Verdichtung zu erleben. Nimm die Gefühle wahr, das DaSein im Mutterleib, die Schwangerschaft, die Annäherung von der feinstofflichen in die grobstoffliche Welt des Körpers und der Materie.

Nimm dann wahr, wie der Zeitpunkt deiner Geburt gekommen ist. Freust du dich oder gibt es Widerstände, dass der Zeitpunkt, den Mutterleib zu verlassen, und deine Geburt, das Annehmen eines physischen Körpers in der Materie, gekommen ist? Nimm wahr, was du fühlst und warum du gehst.

Dann gehst du durch die Erfahrung deiner Geburt. Lass deine ersten Wahrnehmungen zu, dein Sein in einer neuen Dimension. Eine neue Zeit ist angebrochen.

Du bist in dieser Welt. In deiner eigenen Zeit kannst du jetzt durch die Erfahrungen deines Lebens bis zum jetzigen Zeitpunkt reisen, die jetzt noch immer Auswirkungen auf dich haben. Es gibt nichts zu tun. Du musst es nicht forcieren, dich zu erinnern. Schau, was von selbst kommt. Nur die vergangenen Erfahrungen, Wahrnehmungen und Gefühle, die jetzt noch relevant sind und Auswirkungen auf dich haben, erscheinen. –

Mögen es freudige oder schmerzhafte Ereignisse gewesen sein. Alles ist willkommen. Tue nichts. Erzwinge keine Erinnerungen. Es liegt eine Weisheit darin, dass bestimmte Gefühle, Gedanken und Erinnerungen von selbst kommen. Wenn sie nicht kommen, liegt eine Weisheit darin, dass sie nicht kommen. Tue nichts! Sei! Sei da und nimm wahr, was von selbst kommt. – Sei es Traurigkeit, Freude, Schmerz, Angst, Verletzung oder Wut. Vielleicht gibt es auch eine Neutralität, oder den Schmerz darüber, hier zu sein und dich fremd zu fühlen. Vielleicht fühlst du dich auch wohl, geliebt und angenommen. Alles ist willkommen. Lass die Gefühle, die Erfahrungen in dir, zu. Gut. Ja, lass es fließen, lass strömen. Nimm dir dazu die Zeit, die du brauchst.

Wenn es abgerundet ist, lässt du alle diese Bilder, Gefühle und Wahrnehmungen, all die Geschehnisse in deinem Lebens hinter dir, als hätte es sie nie gegeben.

Und jetzt reist du noch einmal zurück zu den Deinen, zurück in die Dimension, in der du dich zu Hause fühlst. Diesmal wirst du das BewusstSein der Einheit nicht verlassen, es bewusst in dein DaSein, in dein jetziges Leben mitnehmen. Du wirst neu geboren in diese Dimension, in dein Leben – diesmal ohne die Bewusstheit, die Einheit zu verlassen, ohne dich in die Illusion der Trennung zu verstricken. Wir werden das vollständige BewusstSein, das du bist, mitnehmen und verankern. Du kannst es eigentlich gar nicht mitnehmen. Du lebst nur nicht mehr in der Illusion, dass du „die Einheit, den inneren Frieden", verlassen haben könntest.

Tauche jetzt wieder ein in die Dimension, in das DaSein, in dem du ganz zu Hause bist. Magst du es mit Neutralität, Nichts, ewiges Selbst, bedingungslose Liebe, Frieden, oder mit reinem Sein bezeichnen. Worte sind hier nicht wichtig und auch nicht ausreichend. Doch während der Reise, die wir gleich machen werden, wirst du nichts davon verlieren. Du bleibst und bist zu Hause in der Einheit allen Seins.

Jetzt nimmst du wahr, wie du dich von der Dimension, in der du vor deiner Geburt existiert hast, verabschiedest. Du verabschiedest dich und fühlst die Vollständigkeit, nimmst wahr, wie die Ganzheit, die volle Bewusstheit zugegen ist. Und auch jetzt nimmst du wahr, wie die Zeit gekommen ist, die Dimension zu verlassen und weiter zu reisen in die Dimension der Erde, um in dieses Leben einzutreten. Während allem, was jetzt geschieht, egal wohin du dich bewegst und wie sehr du gleich in die Verdichtung gehen wirst, du bist und bleibst dir des Ewigen, deines Zuhauses in ewiger Liebe, unendlicher Weite und des GeborgenSeins bewusst. Die Schleier, die die Illusion der Trennung einst genährt hatten, existieren nicht mehr.

Und auch jetzt nimmst du wahr, wie du dich der Dimension der Erde annäherst und in Kontakt mit deinen Eltern trittst. Du näherst dich ihnen an, immer noch als strahlendes Licht, ewiges unsterbliches BewusstSein. Nichts geht verloren. Diese Annäherung geschieht im BewusstSein des Einen Christus, des Namenlosen, deines wahren Zuhauses. Nimm wahr, wie du dich im Mutterleib bewegst, wie dein BewusstSein in die Verdichtung, in diese Dimension geht, ohne das GewahrSein des Ewigen Selbst zu verlassen. Nimm auch wahr, wie du mit diesem BewusstSein, ohne Schleier, als klares ewiges unsterbliches Selbst, durch den Mutterleib deiner Mutter, durch den Geburtskanal in diese Welt geboren wirst. Nimm auch wahr, wie du nur auf eine Reise gegangen bist, wie ewiges unsterbliches BewusstSein nur einen Körper angenommen hat. Du existiertest bereits, bevor du diesen Körper angenommen hast. So bist du nicht dieser Körper und wirst es nie sein.

Dieses BewusstSein, das du bist, ewiges Sein, hat durch deine Geburt diesen Körper angenommen, und du existierst weiter, ob dein Körper lebt oder stirbt. Nimm wahr, wie dieses ewige BewusstSein, das Namenlose, das du bist, durch die Geburt geht, einen Körper annimmt und in diese Welt geboren wird. Die volle Bewusstheit bleibt und ist, obwohl du in die Dimension größerer Verdichtung eingetreten bist, in dir allgegenwärtig. Spüre, wie die Ganzheit, die Vollkommenheit ewigen Seins, in diesem kleinen Wesen, in dem Körper dieses Babys, ist.

In diesem Bewussten Sein wanderst du weiter durch dieselben Geschehnisse, die du in deinem Leben erlebt hast, aber das ewige Licht, die Einheit, der Christus, erstrahlt. In diesem BewusstSein erlebst du verschiedene Situationen deines Leben noch einmal, auch die, die dich vielleicht geschmerzt haben. All diese Erlebnisse können keinen Schleier mehr über deine Bewusstheit des Ewigen und Unsterblichen, über das GeborgenSein legen. Du nimmst wahr, wie du in voller Bewusstheit, in voller Präsenz jetzt in dieser Welt bist. Kein Schleier, nur volle Bewusstheit. Keine Trennung, nur unsterbliches ewiges BewusstSein. Das Licht deines DaSeins, deiner Präsenz strahlt. Ja, du bist jetzt ganz in dieser Welt und hast diesen Körper angenommen. Neugierde, – Freude – Ja. Die Vollständigkeit lebt in dir.

Nimm deinen Körper wahr, die Erde. Du siehst die Schönheit dieser Welt. Spüre, wie du jetzt ganz da bist, wie Liebe ist. Liebe für die Menschlichkeit. Spüre dein Ja, hier zu sein, präsent zu sein. Du musst nicht mehr fliehen. Du bist hier zu Hause, genauso wie überall. Du hast die Einheit nicht verlassen. Sie ist allgegenwärtig. Spüre, wie du willkommen bist, hier deinen Dienst zu tun und Mensch zu sein. Du erkennst voller Dankbarkeit die vollkommene Schönheit des Menschseins und bist in Liebe und Frieden mit deinem DaSein, mit allem, was ist.

Nimm wahr, wie viel Schmerz in deiner Flucht, in der Ablehnung des menschlichen Lebens lag. Nimm wahr, wie viel Schmerz in der Illusion lag zu glauben, dass Einheit und Liebe nur woanders und getrennt von dir sind. Hier ist Liebe. Hier ist Einheit. Du bist willkommen, ganz, mit all deiner Liebe, deiner Kraft, mit allem, was du bist, diese Erde zu betreten und deinen Dienst in dem BewusstSein des tiefen Friedens zu erfüllen. Eine Geburt in dieses Leben. Du bist willkommen auf der Erde, liebes Kind. Du bist willkommen in deinem Leben, hier und jetzt, erfüllt von Liebe, von dem ewigen strahlenden Licht der Ganzheit, die du bist, immer warst und immer sein wirst.

Volle Bewusstheit – alle Schleier sind gefallen. Das BewusstSein der Einheit ist ewig gegenwärtig. Es kann nicht geboren werden und nicht sterben. „du" warst vor dieser Zeit in deinem Körper, genauso wie „du" nach dem Tod deines Körpers weiter existent bist. So, wie du vor der Zeit deines Körpers existiert hast, wirst du auch nachher weiter existieren, in einem Sein, das keine Zeit, keine Vergangenheit, keine Zukunft kennt Ewigkeit, jetzt!

Ich möchte dir ein Geburtstagslied singen:

Willkommen auf der Erde, liebes Kind.
Willkommen auf dieser Welt.
Willkommen, du selbst zu sein.
Willkommen zu sein, so wie du bist.
Keine Bedingung, keine Einschränkung.
Willkommen, dein Leben zu leben,
DaSein, – präsent sein
Dankbarkeit für das Leben.
Dankbarkeit für die Erfahrung in dieser Dimension.

Spüre, wie du neugeboren bist, wie dein „Zuhause" zu dir und mit dir gekommen ist. Es ist in dir, es hat dich niemals verlassen und wird dich niemals verlassen. Die Schleier sind gefallen. Frieden, Liebe, Einheit sind. Denke nicht darüber nach, was geschehen ist. Nimm nur wahr, wie du neu bist, willkommen und offen in dieser Welt. Die Zeit der Flucht ist vorbei. Du hast JA gesagt und wirst willkommen geheißen in dieser Welt voller menschlicher Vielfalt. Lebe! Bedingungslose Liebe und die Bewusstheit des einen ewigen Seins begleiten dich fortan in deinem Leben. Nun hast du die Illusion, dass du die Einheit verlassen hast und getrennt bist, aufgegeben. Einheit ist. Die Kraft des Einen Christus ist in deinem Leben, in dir. Du bist das ewige Selbst.

Spüre jetzt wieder deinen Körper. Nimm die Geräusche um dich herum wahr. Sei nur präsent. Es gibt nichts zu tun. Erfreue dich des DaSeins.

Wenn du magst, kannst du dein DaSein jetzt feiern, oder in der Stille das ZuhauseSein genießen. Du kannst

Musik hören: „Happy Birthday". Es gibt auch ein anderes wunderschönes Lied mit dem Text: „Willkommen auf der Erde, liebes Kind, willkommen auf dieser Welt. Unsere ganze Liebe hüllt dich ein." Ja, willkommen auf der Erde, liebes Kind. Unsere ganze Liebe hüllt dich ein. Liebe ist Liebe, die du bist. Christus in dir, in mir, in allem, was ist.

Nimm wahr, wie du jetzt und in jedem anderen Moment, in dieser Welt willkommen bist, mit deiner vollen Präsenz. Frieden ist. Frieden mit dir und deinem Leben. Frieden mit der Welt. Frieden mit Gott. Ja, besonders auch mit „Gott".

Viele von euch haben mit Gott gehadert, weil sie das Gefühl hatten, aus der Einheit weggeschickt bzw. gefallen zu sein. Sie sehnten sich doch so sehr nach der Einheit zurück und fühlten sich durch die Trennung bestraft. Vergangenheit. Du hast das Göttliche niemals verlassen. Das ist nicht möglich. Es gab keinen Gott, der dich ausgestoßen hat. Es gab keinen SündenFall. Dieser Fall war nur die Illusion, zu glauben, dass du die Einheit, ewiges unsterbliches BewusstSein, „Gott", verlassen haben könntest. Du selbst hast gerade erlebt, dass dieser Schleier, dieser Fall, Illusion ist. Das Ewige Unsterbliche ruht in dir, ist in dir verankert. Du bist das Selbst. Du bist zu Hause in dir. Friede sei mit dir. Friede mit Gott, Friede mit dem Leben, mit dem DaSein in dieser Dimension. Das Leben ruft. Willkommen bist du. Hier und jetzt. Amen.

☆☆☆☆☆

Christus-BewusstSein

Wahrer Frieden und der Weltfrieden sind eng verknüpft mit eurem Erwachen im Christus-BewusstSein, im Namenlosen, das alles durchdringt. Viele von euch nennen das den Aufstieg oder auch das Erwachen im Christusbewusstsein. Ich bin dankbar, hier die Möglichkeit zu haben, direkt mit euch über den Aufstieg zu sprechen.

Viele Geschichten und Interpretationen, die sich um den Aufstieg und das Erwachen drehen, entspringen vielmehr euren eigenen Vorstellungen oder Gerüchten, als dass sie das bezeichnen, worum es wirklich geht.

Das Wort „Aufstieg" halte ich grundsätzlich nicht für sehr treffend. Es scheint zu bezeichnen, dass ihr euch von der Erde erheben und über den Dingen stehen müsst. Es geht aber nur darum, euer BewusstSein anzuheben. Es geht um die Erkenntnis des Christus in allem. Es geht nicht um eine Rettung oder einen fixen Zeitpunkt, an dem plötzlich eine Erlösung von außen für alle geschieht. Das geschieht individuell und ist für jeden Einzelnen zu jedem Zeitpunkt möglich. Die konzentrierte Grundenergie zum Erwachen im Christusbewusstsein, zum Aufstieg, wie ihr es nennt, ist schon seit einiger Zeit gegeben. Aber dieser Aufstieg ist kein Aufstieg. Er führt nicht von unten nach oben, und schon gar nicht von der Erde weg. Das Erwachen in dem BewusstSein des Einen Christus ist von keinem Ort, von keinem Zeitpunkt und von keinen Bedingungen abhängig.

Ihr konntet in der vorangegangenen Meditation erfahren, dass das BewusstSein des Ewigen, des Einen Christus, nicht an einen Ort gebunden ist. Es hat nichts mit äußeren Bedingungen zu tun. Vielmehr damit, dich von den Schleiern der Illusionen zu befreien und zu sehen, dass der Eine Christus, ewiges unsterbliches BewusstSein, immer in dir ruht und überall zugegen ist.

Es gibt Gerüchte, dass der Aufstieg nur in manchen Ländern geschieht und in anderen Ländern nicht. Das ist eine weitere Illusion. Es gibt zwar Länder, in denen die kollektive Bewusstheit höher ist als in anderen. Aber einige von euch machen sich abhängig von der Vorstellung, dass man nur an manchen Orten und zu bestimmten Zeiten erwachen kann und an anderen nicht. Ihr glaubt, dazu bestimmte Übungen machen und „schlechte" Schwingungen meiden zu müssen. Es geht aber nicht um Übungen oder den richtigen Ort. Es geht um nichts Äußeres. Dem Erwachen ist es egal, an welchem Ort du bist und mit welchen Menschen du lebst. Selbst wenn du die „allerallerschlechtesten Umstände" hättest, hast du die Möglichkeit, in dem BewusstSein des Einen zu erwachen, hast du die Möglichkeit, das BewusstSein der Trennung zu verlassen und in den ewigen Frieden einzutauchen.

Es gibt die verrücktesten Vorstellungen, dass man den Aufstieg sogar am pH-Wert oder an bestimmten Verhaltensweisen eines Menschen messen kann, oder dass es immer Reinigungsreaktionen geben muss. Das ist Unsinn, um es einmal deutlich zu sagen. Macht euch frei von angeblichen Bedingungen und von allen Vorstellungen. Das

BewusstSein des Einen Christus ist viel stärker und fragt nicht danach, wo und mit welchen Menschen du bist, und auch nicht nach den perfekten Bedingungen. Auf diese Art und Weise bleibst du gefangen. Mitten in deinem Leben, egal, wo du bist und wie die äußeren Bedingungen sind, selbst wenn sie all euren Theorien über den „Aufstieg" widersprechen, ist ewiger Frieden, das BewusstSein des Einen Christus. Es ist an nichts Äußerem zu messen, es ist eine innere Bewusstheit.

Egal, wie die Energiekonstellation kollektiv und auch planetarisch gesehen sind, kann jeder von euch im ewigen Sein erwachen. Grundsätzlich ist die Energiequalität dieser Zeit prädestiniert dafür. Aber ihr beginnt langsam einen Sport daraus zu machen, wieder eine neue Leistungsgeschichte, dass etwas erreicht werden muss, damit du richtig bist und nichts verpasst. Was ist das für eine Motivation? Ich möchte euch einladen, alle Vorstellungen vom Aufstieg und vom Christus-BewusstSein zur Seite zu stellen und hier und jetzt präsent zu sein. Sei einfach in Kontakt mit der Wahrhaftigkeit, der Ehrlichkeit in dir. Da liegen deine Antworten.

Wollt ihr eure Aufmerksamkeit, eure Hoffnung immer etwas Äußerem geben? Stell alles, was mit dem Aufstieg und dem Christusbewusstsein zu tun hat, in Frage, einschließlich der Bedingungen und Vorstellungen, wie du sein, wie du dich verändern und entwickeln musst. Stell genauso auch diese Worte hier in Frage. Folge einzig deinem inneren Strom, der inneren Weisheit. Gebt euch selbst der Kraft des Einen Christus, dem Fluss des Lebens, dem Göttlichen hin. Übergib all deine Wünsche und Vorstellungen und schau, mit welcher Intelligenz, mit welcher Weisheit diese Kraft die Geschicke deines Lebens und deine Bewusstwerdung lenkt. Gib ab. Es gibt hier nichts Allgemeingültiges, keine Merkmale für das Erwachen im Christusbewusstsein. Das ist immer individuell. Ihr Menschen habt die Tendenz, alles einordnen, steuern und kontrollieren zu wollen. Selbst das Erwachen, den Aufstieg wollt ihr verstehen, um alles richtig zu machen. Diese Vorstellungen und Erwartungen erzeugen aber nur wieder Angst und Druck. Sie halten euch mehr gefangen, als sie euch nutzen.

Das Christus-BewusstSein beinhaltet eine unermessliche Weite, beinhaltet alle Wege. Es ist die Hingabe, nicht mehr zu steuern, sondern ein „leeres Gefäß" zu sein. Aber macht jetzt bitte nicht daraus eine neue Bedingung: Ich muss zu einem leeren Gefäß werden, damit das Christus-BewusstSein, der Aufstieg, geschehen kann. Es gibt keine Bedingung. Seht ihr, ihr versucht, aus allem, was ich sage, wie mit anderen Dingen auch, etwas zu machen, woran ihr euch festhalten könnt.

Es ist mir eine große Freude, euch all das zu nehmen. Ich möchte euch hier keine neuen Anhaltspunkte geben, die ihr zu erfüllen habt. Ich möchte euch keine neuen Vorstellungen von „dem" Christus-BewusstSein geben, sondern euch alle Vorstellungen nehmen, damit ihr euch öffnet und einfach seid.

Renne nicht mehr irgendwelchen Vorstellungen hinterher, sondern vernimm das Wahre in dir. Die Vollkommenheit ist hier und jetzt. Der Frieden ist hier und jetzt. Der Christus ist hier, in dir, jetzt! Nimm wahr, wie du jetzt einfach nur bist. Wie es nichts mehr zu erfüllen gibt, wie da tiefer Frieden, das BewusstSein des Einen Christus, ist. Ihr seid immer dabei, euch beschäftigt zu halten, um dem Nichts, der Auflösung in dem EinenSein, der Stille, zu entfliehen. Ihr habt Angst vor diesem Sein, vor dem Moment, wo nichts mehr ist und ihr euch an keiner Vorstellung mehr festhalten könnt. Was ist, wenn nichts mehr ist? Was ist, wenn du einfach bist? Hier und jetzt! Im BewusstSein des Einen Christus. Das muss nicht spektakulär sein. Es müssen dich nicht tausend Blitze treffen, und dein Leben nicht fortan ein anderes sein. Es ist nur die Bereitschaft, die Stille und den Frieden zu vernehmen. Es ist auch die Bereitschaft, nicht alles kontrollieren und verstehen zu müssen.

Wenn du nach diesem Kapitel das Gefühl hast, weniger über das Christus-BewusstSein zu wissen als vorher, willkommen! Wunderbar. Wenn du nach diesem Kapitel, nach dem Lesen dieses Buches, einfach nur das Gefühl hast, da zu sein, präsent zu sein, in dir ruhig und in Frieden zu sein, willkommen! Wenn du das Gefühl hast, nach dem Lesen dieses Buches weniger in der Hand zu haben als vorher, aber dich präsenter, anwesend im Hier und Jetzt und gelassener fühlst, dann ist das mehr, als ich mir wünschen könnte. Ich erwarte nichts. Selbst wenn du nach all dem nur verunsichert bist und wieder nach neuen Anhaltspunkten suchst, weil du Angst hast und unbedingt eine Orientierung brauchst, etwas, an dem du dich festhalten kannst, willkommen!

Wovor hast du Angst, wenn du dich an nichts mehr festhalten kannst, wenn du einfach nur vertraust und dich dem göttlichen Strom, dem Leben und seiner Weisheit überlässt? Vertraue, dass diese Weisheit dich von selbst führt. Egal, welche Reaktionen in dir auftauchen, du bist willkommen. Wenn du verwirrt bist: Willkommen! Das ist wundervoll. Verwirrung bedeutet, dass deine festgefahrenen Vorstellungen und deine Kontrolle aus dem Gleichgewicht geraten sind. Ja, es geht genau darum, diese fest umrissenen Vorstellungen, diese Bedingungen, diese Erwartungen zu verlassen. Es geht auch darum loszulassen, ob Aufstieg (ich nenne es lieber *Erwachen im ewigen Selbst*), für dich geschieht. Renn dem nicht hinterher. Sei in Frieden damit, ob das geschieht oder nicht. Wenn du damit in Frieden bist, ob es geschieht oder nicht, bist du frei. Sonst rennst du wieder einem Ziel hinterher. Du machst dich sonst nur zum Sklaven des Erwachens im ewigen Selbst. Wieder glaubst du, dass dir etwas fehlt, wieder glaubst du, anders sein zu müssen und doch nie gut genug. Dann begleiten dich Angst und Neid, dass andere es erreichen könnten und du nicht. BewusstSein des Mangels, BewusstSein der Angst. Das hilft nicht. Nimm vielmehr den Frieden und die Stille wahr, hier und jetzt. So, wie es ist, ist es gut. Ja, Amen.

Amen heißt auch: So, wie es ist, ist es gut. Ich liebe dieses Wort *Amen*. – So, wie es ist, ist es gut. Was geschehen soll, ist willkommen. Gehe in die Hingabe, dass alles willkommen ist. Es geht weniger ums Tun oder ums Erreichen als ums Sein, um BewusstSein.

In den meisten Fällen, wo ihr das Gefühl habt, etwas verändern zu müssen, und unentschlossen seid, ist es nur eine Frage eurer Bewusstheit, des In-FriedenSeins mit der Situation wie sie ist. Wenn wirklich eine Veränderung ansteht, dann fragst du nicht mehr danach, dann veränderst du, weil du spürst, die Zeit ist reif.

Alle Gedanken darüber, dass dein Leben anders sein müsste, stell sie in Frage. Sei in Frieden mit dem, was ist. Wenn Zeit zur Veränderung ist, hören die Fragen auf, dann wird es zur Gewissheit, du veränderst, du handelst. Etwas führt dich, wenn die Zeit da ist, die Veränderung vorzunehmen. Wenn das nicht gegeben ist, dann sei still in dir, nimm die Situation deines Lebens an. Wenn du trotzdem das Gefühl hast, dass etwas nicht stimmt, geht es nur um die Veränderung deiner Einstellung, um das In-FriedenSein mit dieser Situation. Dann gib den Widerstand, den Kampf mit dieser Situation auf und nimm die Weisheit dieser Situation an. Auch wenn du sie nicht erkennen kannst, die Vollkommenheit ist immer, in jeder Situation. Sei in Frieden damit, dass ewiges unsterbliches Bewusst-Sein in seiner unendlichen Weisheit diese Situationen geschaffen hat, Hingabe und vollkommenes Vertrauen in die Vollkommenheit dieser Situation.

Ihr seid oft im Kampf mit den Situationen eures Lebens, weil ihr glaubt, sie müssten anders sein. Ihr erzeugt damit nur Unruhe und Unzufriedenheit. Lass dich vielmehr in die Tiefe des Sees, in die Stille und in die Gelassenheit fallen, anstatt zu nörgeln. Sieh vielmehr dieselbe Situation mit anderen Augen, mit den Augen der Vollkommenheit und der Liebe.

Es kommt wirklich nicht auf die perfekten Umstände an. Ihr könnt die perfekten Situationen eurer Vorstellungen haben, und niemals ist es gut genug. So gilt es, dein Gefühl, deinen Unfrieden, das Gefühl, dass immer etwas fehlt, zu konfrontieren und dich zu öffnen, dich hinzugeben an das, was ist. Liebe das, was ist, sei in Frieden mit dem, was in deinem Leben geschieht. Woher willst du wissen, was dir wirklich Glück bringt? Du weißt es nicht wirklich, obwohl du immer glaubst, es zu wissen. Ewiges unsterbliches BewusstSein lenkt die Geschicke in vollkommener Weisheit. Was sind die perfekten Umstände, damit du deinen Frieden, damit du den Aufstieg, das BewusstSein des Einen Christus, finden kannst? Es gibt sie nicht! Es ist in allem. Du kannst es entweder überall finden, überall erkennen, in jeder Situation, in allem, was existiert, oder nie.

Gib den Situationen deines Lebens einmal den Vorschuss, dass sie vollkommen und zu deinem Wohl sind. Das BewusstSein des Einen Christus ist in jeder Situation, alles durchdringend, erhebend, durchleuchtend und vereinend. Das Christus-BewusstSein ist einhergehend mit einem tiefen Frieden, mit unendlicher Liebe, aber auch mit einer gesunden Neutralität des Nicht-verhaftet-Seins. Keine Abhängigkeit von den perfekten Bedingungen. Es ist einfach. Dieses Buch über den Frieden ist eine Tür, um den Christus in dir zu erkennen, um in dem ewigen Selbst zu erwachen. Ob wir es als Frieden, Aufstieg, Christusbewusstsein, ewiges Selbst, Nichts, unsterbliches Bewusst-

Sein oder unendliche Liebe bezeichnen, ist ganz egal. Eigentlich ist es namenlos. Kein Wort trifft es wirklich. Wer wahren Frieden in sich findet, ist im BewusstSein des Einen Christus. Wer in dem BewusstSein des Einen Christus ist, ruht in Frieden in sich, strahlt Frieden und Stille aus, obwohl es auch ein quirliger, ganz aktiver Mensch sein kann, der nicht nur still sitzt und meditiert. Ich meine eine innere Ruhe, eine innere Gewissheit, ein inneres Licht, das strahlt und einfach ist. Es ist die Qualität des Seins, des BewusstSeins. Es ist die Kraft des ICH BIN.

Es ist auch ein Spiel mit Worten. Im Prinzip ist mit Aufstieg, ist mit dem tiefen Frieden, mit bedingungsloser Liebe, Christus-BewusstSein, überfließender Leere, Nichts, ewigem unsterblichen BewusstSein, ewigem Selbst, dieselbe Essenz gemeint. Wir versuchen, Worte zu formen, damit es zu kommunizieren und zu greifen ist. Aber es ist nicht wirklich zu greifen, es ist nicht wirklich zu verstehen. Es ist Bewusstheit, es ist Sein, jenseits von Worten, von Erklärungen und nicht einzuordnen.

Obwohl es überall und in jedem Moment ist und dazu keine Meditation notwendig ist, möchte ich diese Meditation an euch weitergeben. Wer keine Meditationen mag, liest bitte den Text trotzdem weiter. Die Worte wirken für sich.

Es gibt nichts zu erfüllen. Du kannst das Christus-BewusstSein, den ewigen Frieden, nicht *erlangen*. Es ist nicht weg von dir. Es ist nicht getrennt von dir.

Schließe in diesem Moment deine Augen und sei still in dir. Und in dieser Stille sei dir bewusst, dass die Ganzheit, die Einheit, der tiefe Frieden bereits ist. Sei dir bewusst, dass du der tiefe Frieden, das Namenlose bereits bist. Es ist nur Erinnerung. Es ist nur Bewusstwerdung. Es ist da. Es gibt nichts, dem hinterherzurennen wäre. Das würde ja bedeuten, dass du es nicht bist und es erst erlangen musst. Es gilt, nichts zu erlangen, sondern die Schleier fallen zu lassen und wahrzunehmen, wer du wirklich bist, was du wirklich bist. Keine Person. Du bist Nichts, Bewusstes-Sein, ewiges unsterbliches Selbst, und du kannst jetzt das wahrnehmen, was bleibt, wenn die Schleier fallen. Stille in dir. Frieden in dir. Liebe in dir. Trotzdem werde ich in der nun folgenden Meditation eure Illusion nutzen, das ewige unsterbliche Selbst, das Christus-BewusstSein, von euch getrennt wahrzunehmen. Da ich weiß, wie schwer es für euch ist, die Illusion der Trennung, das Fallenlassen der Schleier zuzulassen, gebe ich euch diese Übung an die Hand. Aber klammert euch auch nicht an diese, seht auch sie als ein Spiel und erwartet nichts, lasst euch einfach ein. Es gibt nichts zu tun, nur da zu sein. Das ist alles. Ich segne euch mit der Bewusstheit des Einen Christus. Ihr seid eingeladen, nur meinen Worten zuzuhören. Bewusstheit. – Erinnerung. –

☆☆☆

Meditation - ChristusbewusstSein – ewiges Selbst

Entspanne dich. Nimm wahr, wie dein Körper auf dem Boden liegt, wie du da bist, präsent bist. Und dann nimm wahr, wie du dich tiefer und tiefer fallen lässt, wie du da liegst, wie du da bist. Nimm wahr, wie alles von dir abfällt und mit einem Windhauch davongeweht wird. Du liegst da, ohne zu wissen, was sein wird, ohne Anforderung, ohne Bedingung. Nimm wahr, wie du geliebt bist, nur weil du bist. Nimm wahr, wie du willkommen bist, nur weil du bist, wie die Anstrengungen, etwas erreichen zu müssen, um geliebt zu sein, von dir fallen. Alles nicht von Bedeutung. Nimm wahr, wie du einfach nur geborgen bist im Jetzt. Die Vollendung ist jetzt. Nimm wahr, wie auch diese Jagd nach dem Aufstieg, nach dem Erwachen nur ein Spiel ist und in dir etwas Tieferes ruht, etwas, das bereits zu Hause ist. Nimm das Geschenk wahr, nur da zu sein, nichts zu vermissen, nichts zu wollen, nichts zu erlangen. Geliebt, jetzt! In Frieden, jetzt! Da, jetzt! Und nimm wahr, hier und jetzt, wie du bereits das ewige unsterbliche Selbst bist. Wie du durchdrungen bist von einer Bewusstheit, die in allem ist. Keine Trennung. EinSein. Falls du dich noch immer gefangen fühlst in Erwartungen, Gefühlen, Gedanken und nicht weißt, wovon ich spreche, nimm nur deinen Körper wahr, die Gefühle, Gedanken, die Unruhe, einfach das, was ist. Wenn du das Gefühl hast, dass dieser Frieden, diese Bewusstheit des Einen so weit von dir entfernt ist, lassen wir uns jetzt auf dieses Spiel ein. Du bittest hier und jetzt, dass das ewige Selbst in einer Intensität, die für dich passend ist, durch dein Kronen-Chakra in dich eintritt. Du bittest das ewige unsterbliche Selbst, dich zu berühren und zu durchdringen. Jetzt! Und du nimmst wahr, wie es sich angenehm und wohlig in dir ausbreitet, wie es dir Ruhe, Ewigkeit und Frieden bringt und jede Zelle deines Körpers durchdringt. Es löst jeden Zweifel, jeden Gedanken auf, wird zu Gewissheit. Tiefer Frieden, das ewige Selbst, in dir, jetzt, in jeder Zelle deines Seins. Nimm wahr, wie es ist, wie du da bist im BewusstSein der Ewigkeit. Die Geschichten deines Lebens, die Gedanken und Gefühle treten in den Hintergrund, Frieden bleibt, Frieden ist, Bewusstheit bleibt, Bewusstheit ist. Gesegnet bist du jetzt, durchdrungen vom ewigen unsterblichen Selbst, ohne Anfang, ohne Ende. Es durchdringt die Materie um dich herum, die Luft und den Boden, die Gegenstände und die Menschen, die ganze Welt. Nichts anderes als dieser tiefe Frieden, ewige Gegenwart, Nichts, existiert und durchdringt alles. Lass es zu, gib dich dem unsterblichen Selbst hin, jenseits von Form. Aus dieser tiefen Ruhe betrachte dein Leben, die Vollkommenheit, die ist. Nimm wahr, wie von selbst Abstand von deinem Leben geschieht, alles nicht mehr so tragisch, nicht mehr so wichtig erscheint. Und jetzt lade ich dich ein, folgende Worte zu sprechen:

Die Kraft des Einen Christus,
ewiges unsterbliches BewusstSein in mir.
Ich erinnere mich, dass ich ewiges unsterbliches BewusstSein, unendliche Liebe, Alles und Nichts,
das Namenlose bin.

Die Schleier der Illusion fallen. Sie sind gefallen.
Tiefer Frieden ruht in mir und in allem, was ist.
Die Kraft des Einen Christus ist in mir,
ohne Trennung, alles durchdringend, alles umfassend,
ewig und unsterblich.
Frieden und Stille wurden niemals verlassen,
sie sind allgegenwärtig.
Alle Schwüre des Vergessens sind jetzt aufgehoben!
Das Spiel der Illusion ist erfüllt.
Ich spiele das Spiel des Lebens
in der Bewusstheit des Einem in allem.
Ich ruhe in dem tiefen Frieden des ewigen Selbst.
Ich bin das ewige Selbst.
Ich bin bereit, das Leben zu leben
im BewusstSein des ewigen Selbst.
Ich bin bereit, das Leben, wie es ist anzunehmen
und das zu lieben, was ist.
Ich erkläre, die Suche, den Mangel, die Illusion als beendet.
Die Kraft des Einen Christus, des ewigen Friedens, ist und ruht in mir,
der ich bereits ewiges unsterbliches Selbst bin.
Ich verabschiede mich davon,
Bedingungen erfüllen zu müssen.
Ich verabschiede mich davon
der Vollendung hinterher zu rennen
und dabei die Vollkommenheit, die Bewusstheit,
die ich bereits bin, zu vergessen.

Ich halte inne jetzt und nehme die Weite,
den tiefen Frieden in der Stille allen Seins wahr:

ICH BIN.
ICH BIN.
ICH BIN.

Nichts.
Nichts.
Nichts.

Nichts zu erfüllen. Keine Bedingung.
Erkenntnis ist geschehen.
Ich gebe mich an das ewige unsterbliche Selbst hin.
Ich bin bereit, dieser Kraft alles zu geben.
Ich bin bereit, alles Persönliche dem ewigen
unsterblichen Selbst zu schenken,
auf dass es die Geschicke meines Lebens
in seiner Weisheit lenke.
Ich bin bereit, das zu tun, das zu erfüllen,
wozu ich gekommen bin.
Nicht mehr, und nicht weniger.
Bewusst da zu sein. Christus bewusst zu sein.
Ewigkeit bewusst zu sein.
Alles und Nichts. Menschlich zu sein.
Frieden mit allem, was ist, Frieden, jetzt!
Friede sei mit dir jetzt und in alle Ewigkeit.

Das BewusstSein des Einen Christus, das ewige Selbst, scheint in dich eingetreten zu sein. Es ist aber nicht in dich eingetreten, sondern *du bist es.* Es ist nicht getrennt von dir. Du bist nicht dein Körper, getrennt von dem ewigen Selbst. Es ist Eins. Dieses Ewige ist immer. Das ewige Selbst, das Christus-BewusstSein, kann nicht kommen und gehen. Es ist immer in dir, bei dir, weil du es bist. Hör auf zu suchen. Besinne dich, erkenne und erinnere dich. Nimm das wahr, was ist. Ewiger Frieden. Nichts, Christus in dir, in allem, was ist, jetzt und in alle Ewigkeit. Nimm wahr, wie die ganze Welt, alle Universen, alle Dimensionen von dem tiefen Frieden erfüllt und durchdrungen sind und nichts als tiefer Frieden, Ewigkeit bleibt und ist.

Der tiefe Frieden, der in dir ruht, breitet sich aus. Friede überall. Liebe überall. Ewigkeit, jetzt! Weltfrieden, jetzt!

Wenn du in deiner Zeit gleich wieder in den Alltag zurückkehrst, sei dir bewusst, wie Frieden, das BewusstSein des Einen Christus, bleibt und ist. Du kannst es nicht festhalten, brauchst du auch nicht. Vertraue! Es ist immer, vergeht nie. Du musst dich nur erinnern!

☆☆☆

Ewige Gegenwart. Immer. Jetzt!

Barbara Vödisch

Sananda – die Neue Zeit ist jetzt

192 Seiten, broschiert, ISBN 3-934254-44-6

Sananda (auf Erden als Jesus Christus bekannt) gibt uns hier für diese Zeit großer Turbulenzen und Herausforderungen im Privaten wie im Weltpolitischen wichtige Hinweise, u.a. auch zum 11. September, zu Macht und Machtmissbrauch, zu den Indigo-Kindern sowie zu Ernährung und Krankheit. Er zeigt eindringlich auf, dass wir auf keine bessere Welt in der Zukunft warten sollen, sondern beschreibt, wie wir hier und jetzt wahren Frieden, die Vollendung finden können, mit Segenssprüchen, Gebeten, Meditationen und Affirmationen sowie zahlreichen praktischen Tipps.

Barbara Vödisch

Einssein mit Gott – das Ende jeder Suche

192 Seiten, broschiert, ISBN 3-934254-08-X

Mit überwältigender Intensität und Dringlichkeit über Wochen, von einer nicht beschreibbaren unendlichen lichten, in in allem enthaltenen Energie erfasst, empfing die Autorin innerhalb kürzester Zeit diese Durchgaben von „ES", göttliches Sein, das zu uns Menschen spricht, um uns zu helfen, die Einheit mit Gott zu erfahren.
Eins sein mit Gott ist nicht Erleuchteten in Indien, Mönchen oder Asketen vorbehalten. Es ist jedem Menschen zu jeder Zeit möglich.
Dieses Buch räumt daher mit Missverständnissen und Tabus auf und ermutigt und hilft dem spirituell erfahrenen, aber auch dem unerfahrenen und skeptischen Leser, aller Suche ein Ende zu machen und unendliches göttliches Sein, unendliche göttliche Liebe für immer gewahr zu werden.

Barbara Vödisch

Lady Nada: Botschaften der Liebe

196 Seiten, DIN A 5, Softcover, ISBN 3-926374-75-6

Hier ist die Antwort der geistigen Welt zu einem Thema, das die Menschheit seit jeher bewegt hat.
Nada, Aufgestiegene Meisterin, spricht über das Thema Liebe in all seinen Facetten: Die Liebe zu sich selbst und zu anderen; zu Pflanzen und Tieren; Kontakt mit der geistigen Welt – das sind nur einige Themen dieses Buches, aus dem so viel Liebe strömt, dass einem bei der Lektüre ganz warm und das Herz ganz weit wird.

Claire Avalon

Atlantis

Begegnungen mit den Wächtern von Eden

Arbeitsbuch 1

280 Seiten, geb., ISBN 3-934254-73-X

Arbeitsbuch 1 ist die praktische Umsetzung von „Die zwölf göttlichen Strahlen", in dem der blaue, gelbe und rosafarbene Strahl behandelt wird. Einfühlsame Texte und tiefgehende Meditationen der einzelnen Priester führen uns zurück nach Atlantis, wo wir frühere Aufgaben, Talente oder Tätigkeiten anschauen und die Erkenntnisse in den Alltag mitnehmen können. Die Priester richten sich liebevoll und in einer für sie verständlichen Sprache an Kinder ab etwa 10 Jahren, die hier Hilfe für sich und ihre Probleme finden, was dieses Buch so besonders macht. Ein wichtiges Buch für jeden und eine wunderbare Hilfe für spirituell aufgeschlossene Eltern, Erzieher und Lehrer.

Manuela Torelli

SANANDA

Maria Magdalena **– Meine große Liebe**

144 Seiten, A5, broschiert, ISBN 3-934254-69-1

Sananda spricht in berührenden Worten und einer wunderschönen, etwas altertümlichen Sprache von seinem Leben in Atlantis und zu späterer Zeit als Jesus Christus, aber v.a. von seiner großen Liebe, die in beiden Inkarnationen nicht gelebt werden konnte/durfte. Mit großer Zuneigung, die in jeder Zeile zu spüren ist, erzählt er von Maria Magdalena, die als Seelenaspekt der Aufgestiegenen Meisterin Lady Nada unter uns weilt, und ihrer wichtigen Aufgabe, die sie noch zu erledigen hat, bevor sie den endgültigen Aufstieg in die Einheit machen darf.

Ines Witte-Henriksen

Einweihung

in die türkise Flamme von Atlantis

144 Seiten, broschiert, ISBN 3-934254-74-8

Aus der Blütezeit von Atlantis bringt uns die Engelwesenheit Amai das Geschenk der türkisen Flamme. Der türkisfarbene Strahl ist eine Engelenergie, die zusätzlich zu den zwölf göttlichen Strahlen den türkisen Farbstrahl zur Verfügung gestellt wird, um uns direkt in die Neue Energie zu tragen. Mit Sanftheit und Güte führt Amai uns zu unseren atlantischen Wurzeln, damit wir uns erinnern und unser Potenzial von damals wieder nutzen können. Mit wunderschönen Channelings, einfühlsamen Meditationen, Gebeten und Einweihungen.